나를 알고 너를 알게 되는 생활 심리

# 심리학 도감

포포 포로덕션 지음 | 김선숙 옮김

BM (주)도서출판 성안당

## 들어가는 말

이 책은 심리학 용어와 그 효과를 정리한 도감입니다. 심리학이 무엇인지 궁금해하는 심리학 초보자들이 읽기에 적합한 책입니다. 이미 심리학을 공부한 사람도 자신의 지식을 정리한다는 생각으로 읽어도 좋습니다.

주요 항목은 심리학의 근거가 되는 실험이나 연구를 소개하고 더 깊이 들어가 왜 그런지 설명했습니다. 심리효과의 강도나 개인에 따른 반응 차이에 대해서도 제시하여 깊이 있는 지식을 얻을 수 있을 것입니다.

심리학을 처음 접하는 사람이든 심리학 공부를 한 사람이든 이 책을 잘 활용하면 좋겠습니다.

심리학을 처음 접하는 사람들을 위해 심리학이 어떤 학문인지 간단히 설명하겠습니다. 우리는 감동적인 드라마나 영화를 보며 울기도 하고, 칭찬을 들으면 기뻐서 미소를 짓기도 합니다. 또한 불쾌한 말을 들으면 슬퍼하거나 화를 내기도 합니다. 이것은 마음이 움직이기 때문입니다. 심리학은, 간단히 말하면 사람의 행동을 관찰하거나 행동의 이유를 찾아 마음의 움직임을 과학적으로 연구하는 것입니다.

예컨대 특정 사물을 보고 많은 사람이 똑같은 감정을 가질 수 있습니다. 이런 심리적 경향을 알고 자신의 삶이나 타인과의 관계에서 활용하는 것이 심리학의 목적입니다.

이 책에서는 훔볼트펭귄 코펜과 심리학에 정통한 판다 선생님이 내비게이터 역할을 해 줍니다. 그럼 이제 재미있는 심리학의 세계로 들어가 볼까요.

포포 포로덕션

## 판다 선생님과 펭귄 코펜의 만남

* **훔볼트펭귄** 턱 부분이 분홍색을 띠는 펭귄으로, 남미 해안을 따라 남극에서 적도로 흐르는 훔볼트 해류의 이름을 따서 붙여진 멸종위기종이다.

일본에 가기로 했다.
공부하고 오겠습니다.
건강히 잘 다녀오렴~
흔들리는 배를 탄 지 며칠이 지나서…
코펜은 드디어 일본에 도착했다.
ZOO
저기구나!
그리고 어두워지기를 기다렸다가 뒷문으로 판다 우리에 들어갔다.
하지만 그곳은 사자 우리…
내 등 뒤에 서지 마라!
화들짝!
아, 정말 무서웠어.
판다
여기다 여기!
파 판다 선생님…
코펜이라고 해요. 이건 아빠가 전하라고 준 편지예요.
넌 누구?

코펜은 편지를 건넨 후
지금까지의 일을 말했다.
응,
그랬구나~
그리고요
코펜 할아버지
에게 빚을 졌
으니까~
그래 좋아,
내가 심리학을
가르쳐 주지.
코펜은
날 처음 봤을 때
어떤 느낌이 들었니?
음,
크고 하얗고 까맣고.
왜 눈 주위가 새까말까
생각했어요.
바로 나에 대한
첫인상이
'초두효과'라는
건데 실제로도
대단한 심리효과
가 있어.
어흥~
근데,
사자 등
뒤에
가까이
간 건
잘못한
거야.
사자는 개인공간
(퍼스널 스페이스)에
신경을 쓰거든.
정말 대단해
대단해!
그리고
코펜 너는
'인정욕구'
가 강한 것
같구나.
판다
선생님,
심리학
재미있을
것 같아요.
·초두효과
·개인공간
·인정욕구
그래? 그럼,
이 세 가지부터
설명하기로
하자.
네~

# 초두효과

사람은 첫 만남에서 크게 영향을 받는다. 그때 갖게 된 인상이 쭉 이어지는 이것을 **초두효과**(Primacy Effect)라고 한다. 위의 단어는 판다의 성격과 모습을 표현한 말이다. 언뜻 보면 판다 A에게 더 호감이 간다. 하지만 A와 B는 단지 순서만 바꾸었을 뿐, 같은 말을 나열한 것이다. 처음에 호의적인 말로 시작되는 A가 초두효과의 영향으로 B보다 좋은 인상을 줄 수 있다.

초두효과는 많은 심리효과 중에서도 효과가 강해 무의식적으로 사람을 판단하는 기준에 영향을 미친다. 특히 광고 업계에서는 제품의 디자인이나 카피, 사진, 영상 등에서 활용하고 있다.

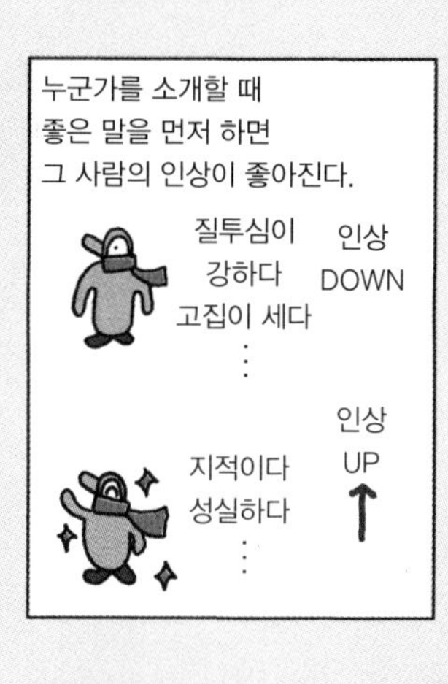


## 실험

폴란드 출신 미국 심리학자 솔로몬 애쉬(Solomon E. Asch)는 학생을 대상으로 실험을 했다. 그 결과 어떤 사람을 소개할 때, '지적이다→성실하다→충동적이다→비판적이다→고집이 세다→질투심이 강하다' 순으로 말하는 경우보다, '질투심이 강하다→고집이 세다→비판적이다→충동적이다→성실하다→지적이다' 순으로 말하면 더 나쁜 인상을 준다는 것을 알아냈다. 같은 말인데도 첫인상이 전체 인상으로 자리 잡는 것이다. 그리고 그 후에 얻은 정보는 자기 식으로 해석하기 때문에 인상이 잘 변하지 않는다.

### 판다 선생님이 알려 주는 심리 활용법

사람을 처음 만났을 때 느끼는 '첫인상'도 초두효과의 영향이야. 첫인상이 계속해서 그 사람의 인상으로 남잖아. 그러니까 좋은 인상을 남기려면 얼굴과 옷차림, 헤어스타일 같은 외모에 세심한 신경을 써야 해. 무엇보다 깨끗한 이미지를 주는 '청결'이 가장 중요한 것 같아. 나도 배와 등 같은 하얀 부분이 더러워질 때가 있지만, 초두효과를 생각해서 늘 청결한 모습을 아이들에게 보여 주려고 하지.

### 관련 효과

→ 친근효과(p.64) → 피크엔드 법칙(p.120)
→ 앵커링 효과(p.168) → 게인로스 효과(p.53)

**코펜의 깨달음**

판다 선생님이 청결한지는 잘 모르겠지만
첫인상이 아주 중요하다는 건 알게 됐다.

# 인정욕구

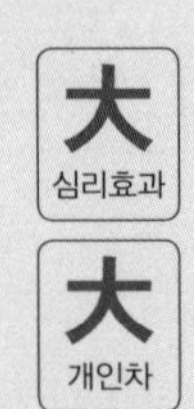


사람은 집단에 소속되기를 원하는 소속욕구가 있어서 사회에서 자신이 있어야 할 곳을 찾는다. 사회에 소속되려는 것은 자신에게 필요해서이기도 하지만, 소속욕구는 일차적으로 원시적인 욕구라고 할 수 있다. 인정욕구란 사회에서 인정을 받고자 하는 심리적 욕구를 말한다. 최근에는 인정받으려는 욕구가 점점 강해지는 추세이고 인정받고 싶어 하는 사람도 늘고 있다.

사진을 공개하는 사람의 대다수는
다른 사람들에게 인정받기를 원한다.

점점 심해지면 좀 위험하다.

SNS에 자신의 일상생활을 자랑하거나 뭔가 특별한 일이나 불행한 일을 알려 남에게 인정받으려는 사람들이 있다. 하지만 인정욕구에 의한 즐거움이 커지면, 차츰 행동이 과해져서 타인에게 피해를 주기도 하고 거짓말을 하게 될 수도 있으니 주의해야 한다.

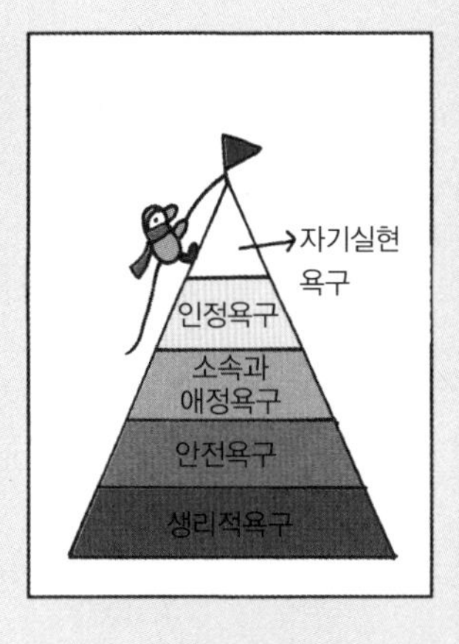


**이론**

미국 심리학자 에이브러햄 매슬로(Abraham H. Maslow)는 인간의 기본적 욕구를 5단계로 구분하고, 인간은 상위 단계의 욕구를 향해 성장한다고 생각했다.

가장 하위 단계에는 살아가는 데 기본이 되는 '생리적 욕구'가 있다. 그 위로 안전과 안정을 바라는 '안전욕구', 동료나 집단을 원하는 '소속과 애정욕구', 타인으로부터 인정받고 싶은 '인정욕구'가 있다. 가장 상위 단계에는 자신의 재능과 능력을 실현하고 싶어 하는 '자기실현욕구'가 있다. 한편 5단계의 욕구는 하위 욕구일수록 더 강력하다고 알려져 있다.

**판다 선생님이 알려 주는 심리 활용법**

멋있는 펭귄이 되고 싶은 코펜도 인정욕구가 강한지도 몰라~ 인정욕구가 지나치게 강하면 손해를 보는 일이 많아. 남의 시선을 의식하는 나머지 무의식적으로 거짓말을 할 수가 있거든. 허풍을 떨거나 남의 눈치를 볼 수도 있어. 심해지면 타인의 가치를 끌어내리려고 험담을 하기도 하는데, 이렇게 되면 친구나 동료가 떠나 버리잖아. 여기에서 빠져나오려면 스스로 자신을 인정할 줄 알아야 해. 간단한 일이라도 "그래 잘했어." 하고 매일 칭찬해 봐. 그리고 남도 칭찬해 주고. 남을 칭찬하지 않는 사람은 자신도 칭찬을 받지 못해. 미처 깨닫지 못한 사람이 많겠지만 이건 아주 중요한 사실이야.

타인의 시선을 지나치게 의식하지 말 것.

작은 일이라도 자신을 반복해서 칭찬한다.

**관련 효과**

→ 드레스 효과(p.33) → 친화욕구(p.37) → 역할효과(p.60) → 자기긍정욕구(p.153)

**코펜의 깨달음**
그런 거구나~
스스로를 인정하지 못하니까
남에게 인정받고 싶어 하는 거구나~

# 개인공간

출퇴근 시간에 혼잡한 전철을 타면 답답하기도 하고 불쾌감이 들기도 한다. 그건 개인공간(Personal Space)이라는 경계 영역을 침해당했기 때문이다. 남이 들어오면 불쾌감을 느끼는 이 공간은 양옆으로 1m, 앞뒤로 0.5~1.5m 정도의 넓이다. 남자는 앞뒤로 넓은 타원형, 여자는 자신을 중심으로 한 원형인 경우가 많다. 상대(타인, 지인, 친구, 가족, 애인)나 목적(대화, 물건을 주고받는 행위 등)에 따라 넓이가 변하기도 한다.

남자는 앞뒤로 넓게 전체적으로 개인공간이 크다. 특히 등 뒤를 싫어하는 사람도 있다.

여자는 타원인 경우가 많다. 남자보다 작지만 싫은 상대가 가까이 오면 개인공간이 아주 커지기도 한다.

전철 안에서 앉을 자리를 찾을 때 보통은 가장자리를 선호한다. 가장자리는 개인공간이 한쪽에만 있어, 타인과 영향을 덜 주고받기 때문이다. 사람은 타인의 영향을 받는 것도 싫어하지만, 타인에게 영향을 주는 것도 싫어하는 경향이 있다.

## 실험

미국 정신의학자 킨제르는 교도소에서 폭력적인 수감자와 비폭력적 수감자의 개인공간을 측정해 보았다. 실험은 수감자에게 실험자가 다가가다 "멈춰!" 하고 말한 시점의 거리를 측정하는 방식이었다(엄밀하게 말하면 개인공간이라고 할 수는 없다). 그 결과, 폭력적인 수감자는 약 9m인 반면 비폭력 수감자는 2.1m로 나타났다.

이 실험으로, 비폭력적 수감자의 개인공간은 일반인과 마찬가지로 뒤쪽보다 앞쪽이 크지만, 폭력적인 수감자는 뒤쪽이 더 크다는 것을 알 수 있었다.

### 판다 선생님이 알려 주는 심리 활용법

싫어하는 상대가 자신의 공간에 들어오는 걸 당연히 원치 않겠지? 그런데 이 공간에 쭉 함께 있던 상대에게는 차츰 호감을 느끼게 된다는 거야. 그러니까 친해지고 싶은 사람이 있다면 가까이 갈 수 있는 장소를 만들어야겠지. 예를 들면 음식점에서 테이블보다는 카운터석*에서 식사를 하는 거야. 다만 사자처럼 공격적인 상대는 등 뒤의 개인공간이 넓으니까 주의해야 해.

## 관련 효과

→ 근접요인(p.136) → 시선의 엘리베이터 현상(p.42)

**코펜의 깨달음**
공격적인 상대의
등 뒤에 다가가서는
안 되는 거구나.
무서워~

* **카운터석** 셰프 바로 앞에서 요리하는 모습을 보며 식사하는 자리

# 심리학의 종류

**세 가지 대표 심리효과를 알아봤으니**
**이제 심리학에는 어떤 종류가 있는지 살펴보자.**

심리학은 대상 범위가 넓어서 다양한 장르에 걸쳐 연구가 진행되고 있다. 사람의 감정이나 행동에는 이유가 있고, 동일 사고 경향과 법칙이 있다. 심리학은 이것을 과학적으로 연구해 사람의 삶이 풍요로워지도록 돕는다. 심리학은 크게 기초심리학과 응용심리학으로 분류된다.

구체적인 심리효과를 설명하기 전에 심리학의 구조에 대해 살펴보자.

## 기초심리학

심리학의 기초를 실험이나 관찰에 의해 연구하는 것을 기초심리학이라고 한다. 초보적인 심리학을 다루는 것이 아니라 응용연구의 초석이 되는 일반적인 법칙을 연구한다.

### ● 사회심리학

사회 속에서 집단과 개인이 어떻게 행동하는지 과학적인 방식으로 연구한다. 집단 속에서 개인은 어떻게 변화하며, 왜 어떤 사람을 친절하게 대하고 또 책망하거나 공격하는지 등의 심리 경향을 연구한다.

● **인지심리학**

지각, 기억, 이해, 사고 등 사람의 인지 기능을 연구한다. 물체가 눈이나 귀 등의 감각기관을 통해 어떻게 뇌에 전달되고 파악되는지, 어떤 상황에서 왜곡되어 이해되는지 등을 관찰한다.

● **발달심리학**

인간이 태어나서 어린이, 청년, 어른, 노인이 될 때까지의 발달 과정을 심리학 이론에 기초하여 연구한다. 유아심리학, 아동심리학, 청년심리학 등이 발달심리학 속에 분류된다. 가령, 아기가 귀엽다고 느끼는 데는 이유가 있는데, 그 심리를 육아나 교육현장에서 활용하고 있다.

● **생리심리학**

행동의 심리적 기능과 생리적 기능의 대응 관계를 연구한다. 사고로 뇌가 파괴되면 행동이 어떻게 변화하는지, 파블로프의 조건반사(p.213) 같은 반사 작용을 연구한다. 신경과학의 한 연구 영역에 속한다.

이 외에도 이상심리학, 학습심리학, 언어심리학 등이 있다.

# 심리학의 종류

## 응용심리학

기초심리학에서 얻은 이론과 법칙을 응용해 문제 해결에 도움을 주고자 하는 심리학이다. 응용심리학은 대상 범위가 아주 넓다.

### ● 성격심리학

사람의 성격을 다루는 심리학. 성격이 만들어지는 과정이나 성격 발달에 관한 다양한 심리를 다룬다. 성격이 형성되는 요인, 대표적인 성격의 분류, 방어 반응을 보이는 이유 등을 연구한다.

### ● 경제심리학

경제 활동 속에서 불합리하게 움직이는 인간의 행동이나 심리를 연구한다. 9,800원으로 가격을 책정하면 왜 더 싸다고 느껴지는지, 상품 수와 구매 의욕은 어떤 관계가 있으며, 코스 요리 A, B, C 중에 중간 가격의 B가 왜 가장 잘 팔리는지 등을 연구한다.

### ● 운동심리학

운동에 대한 문제나 심리 경향을 과학적인 접근으로 해결하려는 심리학이다. 운동의 학습 효과나 경쟁과 협력에 의해 얻어지는 효과 등을 연구한다. 효과적으로 운동 능력이 발휘되는 사전 행동이나 색상, 형태 등도 실험하거나 조사해 밝힌다.

● 색채심리학

사람은 특정 색을 보면 행동이 자제되거나 촉진되는 경향이 있다. 색상에 따라 무겁게 느끼기도 하고 가볍게 느끼기도 한다. 또 시간이나 위치 감각이 무뎌지기도 한다. 이런 식으로 색상의 힘을 연구한다. 좋아하는 색에 따라 특정한 성격이 있어서 색상과 성격의 관계도 연구한다. 상업 분야에서 많이 응용되고 있다.

● 범죄심리학

범죄 조사에 도움이 되는 지식이나 데이터를 제공해서 수사의 조기 해결을 돕는 심리학. 범인 체포에 활용되고 범죄자의 갱생도 돕는다.

심리 상담을 해요~

● 임상심리학

정신적 문제를 안고 있는 사람을 진단하고 치료해서 마음의 고민을 해결해 주는 응용심리학의 하나다. 심리 요법이나 심리 상담을 통해 돕기도 한다.

이 외에도 산업심리학, 재해심리학, 교통심리학, 교육심리학 등이 있다.

# 차례


들어가는 말 2

판다 선생님과 펭귄 코펜의 만남 3

프롤로그 6

초두효과 6
인정욕구 8
개인공간 10
심리학의 종류 12


## 제 1 장 사회심리학

### 상대의 행동을 좌우하는 심리


후광효과 22
미인효과 24
동조행동 26
링겔만 효과 28
호손효과 30
스포트라이트 효과 32
드레스 효과 33
밴드왜건 효과 34
언더독 효과 36
친화욕구 37
몰개성화 38
밀그램 효과 40
시선의 엘리베이터 현상 42
부메랑 효과 43
피그말리온 효과 44
런천 테크닉 46
언더마이닝 효과 48
강화효과 49
사회적 보상 50
애런슨의 부정법칙 51
윈저효과 52
게인로스 효과 53
자기개시 54
자기제시 56
자기누설감 58
마인드 컨트롤 59
역할효과 60
루시퍼 효과 62
친근효과 64
스틴저 효과 65
허위합의 효과 66

## 제 2 장 성격심리학

내 성격은? 저 사람의 성격은?


현재의식 68
잠재의식 69
성격 70
인격과 기질 72
정체성 74
조하리의 창 75
투영법 76
크레치머의 성격유형론 78
자존감 80
방어기제 82
플라시보 효과 86
칼리굴라 효과 87
바넘효과 88
차이가르닉 효과 90
자기성취예언 91
스테레오타입 92
셀프 핸디캐핑 93
허니문 효과 94
라벨링 효과 95
공개선언 효과 96


## 제 3 장 인지심리학

오감과 심리의 뗄 수 없는 관계


메라비언의 법칙 98
암순응 100
명순응 101
크기의 항상성 102
색의 항상성 103
황금비 104
백은비 105
서브리미널 효과 106
샤르팡티에 효과 107
크레쇼프 효과 108
프라이밍 효과 109
프레그난츠 법칙 110
노출효과 111
문맥효과 112
부바키키 효과 114
베이비페이스 효과 115
스트룹 효과 116
맥거크 효과 117
칵테일 파티 효과 118
피크엔드 법칙 120
슬리퍼 효과 122
주의의 초점화 효과 123
착시 124

## 제 4 장 연애심리학
### 연애 감정을 좌우하는 것은?


| | | | |
|---|---|---|---|
| 현수교 효과 | 132 | 암흑효과 | 146 |
| 자이언스 효과 | 134 | 자본력 효과 | 147 |
| 근접요인 | 136 | 작은 악마 효과 | 148 |
| 숙지성의 법칙 | 138 | 의외성 효과 | 149 |
| 로미오와 줄리엣 효과 | 140 | 미러링 효과 | 150 |
| 겔렌데 매직 | 142 | 보사드의 법칙 | 152 |
| SVR 이론 | 144 | 자기긍정욕구 | 153 |
| 쿨리지 효과 | 145 | 접촉효과 | 154 |


## 제 5 장 경제심리학(행동경제학)
### 심리가 보이면 경제가 재미있다


| | | | |
|---|---|---|---|
| 손실회피편향 | 156 | 아포페니아 | 175 |
| 소유효과 | 158 | 디폴트 효과 | 176 |
| 우수리 효과 | 160 | 샤워효과 | 178 |
| 현재중시편향 | 162 | 이용 가능성 | 179 |
| 현상유지편향 | 163 | 콩코드 효과 | 180 |
| 지폐효과 | 164 | 대표성 | 182 |
| 대체보상 | 166 | 확실성 효과 | 184 |
| 앵커링 효과 | 168 | 하우스 머니 효과 | 185 |
| 프레이밍 효과 | 170 | 편면제시/양면제시 | 186 |
| 송죽매 효과 | 172 | 매그니튜드 효과 | 187 |
| 대비효과 | 174 | 부분강화 | 188 |

## 제 6 장 다양한 심리효과
### 색채심리학에서 발달심리학까지


용궁성 효과 190
진출색 효과/후퇴색 효과 192
색의 중량감 193
색의 숙면효과 194
퍼킨제 효과 195
베이비 스키마 196
사이킹업 197
깨진 유리창 이론 198
신데렐라 콤플렉스 199
피터팬 신드롬 200
라쇼몽 효과 201
뮌하우젠 증후군 202
스톡홀름 증후군 203
무기력 증후군 204
신의 눈 효과 205
소속욕구 206


## 제 7 장 심리학을 연구한 사람들
### 심리학은 누가 만들었을까?


플라톤(고대 그리스 철학 시대) 208
아리스토텔레스
(고대 그리스 철학 시대) 209
르네 데카르트 VS 존 로크
(생득관념설 VS 경험론) 210
빌헬름 분트(근대 심리학의 창시자) 211
윌리엄 제임스(의식의 흐름 이론) 212
이반 파블로프(조건 반사) 213
존 왓슨(행동주의 심리학) 214
지그문트 프로이트(정신분석학) 215
칼 융(분석심리학) 216
알프레드 아들러(개인심리학) 217
막스 베르트하이머
(형태주의 심리학) 218

판다 선생님과 펭귄 코펜의 그 후 219
마치는 말 222

**판다 선생님**

심리학 분야에서 인기를 끌고 있는 현대 심리학 연구자.
사실은 잡식이지만 남 앞에서는 대나무를 먹으며 귀여운 척한다.
동물원에서 심리를 연구한 결과 용궁성 효과, 색의 중량감,
신의 눈 효과, 지폐효과와 같은 심리 경향을 발견하고
직접 명칭을 붙였다.

제 1 장

# 사회심리학

## 상대의 행동을 좌우하는 심리

사회심리학은 사회 집단과 개인의 행동, 감정을 연구하는 심리학 분야다. 사람은 혼자일 때와 집단 속에 있을 때 느끼는 심리(마음의 움직임)가 다르다. 집단 속에 있거나 남과 같이 있을 때 어떤 심리가 작용하는지 살펴본다.

# 후광효과

글씨를 잘 쓰는 사람은 내면도 훌륭할 것 같고, 영어를 잘하는 사람은 머리가 좋을 것 같다고 생각한다. 글씨를 잘 쓰는 것과 인격적인 훌륭함은 아무런 관계가 없고, 영어를 잘하는 것과 머리 좋은 것 또한 직접적인 관계가 없다. 그런데도 우리는 상대의 내면을 이성적으로 분석하기보다는 두드러진 특성이나 차림을 보고 평가하는 경향이 있다. 이를 후광효과(Halo Effect)라고 한다.

후광이란 어떤 것을 빛나게 하거나 두드러지게 하는 배경적인 현상을 뜻한다. 글씨를 잘 쓴다거나 영어를 잘한다는 후광을 지니고 있으면 사람 그 자체가 뛰어나다고 평가한다. 학력을 보고 일을 잘할 거라는 선입관을 갖는 것도 마찬가지다.

## 실험

미국 심리학자 에드워드 손다이크(Edward L. Thorndike)는 군대 대장에게 부하 병사의 '지성', '운동 능력' 등 몇 가지를 평가하게 하는 실험을 했다. 그 결과, 특정한 한 가지 능력이 우수한 병사는 모두 높은 평가를 받은 반면, 열등한 병사는 모두 낮은 평가를 받았다.

명확한 척도나 기준에 따라 남을 평가하기보다는 두드러진 특징 한 가지로 평가하는 경향이 있음을 알 수 있다.

후광효과를 이용한 판매 기법도 있을 수 있어. 그냥 제품이 "좋다."고 말하기보다는, "○○도 사용하고 있다."거나 "○○ 씨도 만족해한다."고 돌려 설명하는 것이 더 효과적이거든. 상대가 부러워할 만한 유명인이나 유명 기관의 신뢰를 후광효과로 이용하는 방식이지. 말이 나온 김에 하는 이야기인데, 난 육식이라면 뭐든 먹는 잡식이거든. 그런데 맨날 대나무 먹는 모습만 보여 주면 초식으로 비춰지지 않을까? 그렇게 이미지가 굳어질 거야. 인기인이 되려면 때가 중요한데 말이야. 나에게는 대나무를 먹는 게 인기를 얻는 비결인 거야.

**관련 효과** → 자기개시(p.54) → 초두효과(p.6) → 미인효과(p.24)

# 미인효과

남자들은 외모가 매력적인 여자를 보면 '좋은 집안 태생이 아닐까', '머리가 좋은 게 아닐까' 하고 지레짐작하는 경우가 많다. 이런 경향을 미인효과라고 한다. 남자가 여자를 외모로 평가하는 성향도 후광효과의 일종이다. 상대를 좋게 평가해 주는 만큼 상대도 자신을 마음에 들어했으면 좋겠다고 생각한다.

그렇다고 미인을 모두 좋게 평가하는 것만은 아니다. 굉장한 미인인 경우에는 냉정한 인상을 줄 수 있어 반대로 손해를 보기도 한다. 자신이 가까이하기에 어려운 상대라면 성격이 나쁠 거라고 단정짓는 등 방어적인 생각을 하기 때문이다.

## 실험

미국 심리학자 싱어는 여자대학 교수들을 대상으로 외모와 평가의 관계를 실험으로 밝혔다. 1학년 학생들의 사진을 교수 40명에게 보여주고 외모에서 매력을 느끼는 순위를 매기게 했다. 실험 결과, 매력 순위가 높은 학생일수록 교수들이 매긴 학업 성적의 평균점이 높았다. 매력적으로 느껴지는 학생에게 후한 점수를 주었다는 것을 알 수 있다. 그리고 매력 순위가 높은 학생들은 자신의 매력을 가꾸려 노력하고, 남을 대할 때도 신경을 쓰는 것으로 나타났다.

### 판다 선생님이 알려 주는 심리 활용법

매력적인 여성일수록 높은 평가를 받는 것 같아. 남자는 사람을 외모로 평가하려는 경향이 있으니까. 그렇지만 미인효과는 의외로 오래가지 못한다는 설도 있어. 첫 만남에서는 외모로 첫인상이 결정되는 만큼 외모에 신경을 써야 해. 두 번째 만남부터는 '내면의 매력'도 어필해야겠지만, 처음부터 다 잘 보이려고 할 필요는 없는 것 같아. 외모 → 내면 순서로 어필하는 전략이 효과적이거든.

## 관련 효과

→ 후광효과(p.22) → 초두효과(p.6)

# 동조행동

사람들은 줄서기를 좋아한다. 인기 상품을 사기 위해 장시간 줄을 서서 기다리는 것은 상품에 매력이 있어서만은 아니다. 많은 사람에게 인기 있는 상품이라면 분명 좋은 상품일 거라고 생각하기 때문이다. 남들과 똑같이 행동하면 안심이 되고 다른 행동을 하면 손해를 볼 것 같아 불안해지기도 한다. 이런 심리를 동조행동(Conforming Behavior)이라고 한다.

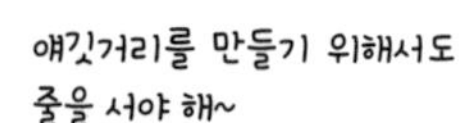

줄서기는 진짜
바보 같은 행동이야~

일반적으로 사람들은 다수파의 행동을 따라 하는 경향이 있다. 물론 지역에 따라 다를 수 있다.

**실험**

미국 심리학자 스탠리 밀그램(Stanley Milgram)은 사람들로 북적이는 뉴욕 거리에서 동조행동에 대한 실험을 했다. 한 사람이 도로 건너편에 있는 빌딩 6층을 올려다보고 있으면, 그곳을 지나던 다른 사람이 어떤 반응을 보이는지 살펴보았다.

실험 결과, 올려다보는 사람이 한 사람, 두 사람, 세 사람으로 늘어 5명 이상이 되면 그곳을 지나던 사람의 약 80%가 똑같이 올려다보았다. 이처럼 여러 사람이 같은 행동을 하면 자신도 모르게 동조행동을 보인다는 것을 알 수 있다.

**판다 선생님이 알려 주는 심리 활용법**

무슨 일이 있어도 찬성을 얻고 싶을 때가 있잖아. 그럴 때는 밀그램의 실험처럼 5명 정도 자기편이 있으면 효과가 있어. 예컨대 전체가 50명이라 해도 5명이 동조행동을 보이면 반대하기 쉽지 않지. 그러니까 회의에서는 사전 교섭을 해서라도 동조자 5명은 만들어 둬야 해. 물품 판매 바람잡이도 한 사람으로는 안 돼. 5명은 넘어야 사고 싶어지는 거니까.

**관련 효과**

→ 밴드왜건 효과(p.34) → 언더독 효과(p.36) → 몰개성화(p.38) → 미러링 효과(p.150)
→ 손실회피편향(p.156)

# 링겔만 효과

길에서 난처한 상황에 처한 사람을 봐도 직접 나서서 도우려고 하지 않는 경우가 많다. 주위에 다른 사람이 많으면 자신이 아닌 누군가가 도와줄 거라고 생각하기 때문이다. 이런 성향을 링겔만 효과(Ringelmann Effect), 즉 사회적 태만이라고 한다.

사람이 많은 곳에서는 어려움에 처한 사람을 봐도 도우려 하지 않는 현상이 있다. 예컨대 아파트에서 비명을 들어도 다른 누군가가 경찰에 신고할 거라고 생각하기 때문에 연락이 늦어지기도 한다. 이것은 링겔만 효과의 영향이 크다.

실험

프랑스 농공학자 막시밀리앙 링겔만(Maximilien Ringelmann)은 줄다리기 같은 공동작업에서 성과에 기여하는 1인당 공헌도가 오히려 떨어지는 현상을 발견했다. 사람이 많을수록 자신은 수고를 덜 해도 괜찮다고 하는 심리가 작용하는 것이다.

미국 심리학자 빕 라타네(B. Latane)와 존 달리(J. Darley)의 실험도 흥미롭다. 회의실에서 토론을 하다가 참가자의 몸 상태가 나빠졌을 경우, 참가자 인원이 많으면 적극적으로 주최자에게 구조를 요청하지 않는다는 결과가 나왔다. 참가자가 2명인 경우는 둘 모두 보고했으나 6명이 되면 보고하는 사람은 30%로 줄었다.

판다 선생님이 알려 주는 심리 활용법

사람이 많은 곳에서는 남을 도우려고 적극적으로 나서지 않는 경향이 있어. '내가 아니어도', '나서기 부끄러운데'라는 생각 때문이지. 이 심리는 강력해서 사람이 많은 곳에서는 누구나 나서기를 주저하지. 그런데 주저하는 심리를 알게 되면 누구보다 한발 앞서 도울 수 있을 거야. 모두 같은 생각을 하니까 먼저 나서면 다들 협조해 주지 않을까? 그러니까 맨 처음 나설 수 있는 한 사람이 되었으면 해.

관련 효과 → 동조행동(p.26)

# 호손효과

업무 효율을 높이는 방법으로 보통은 보수나 규칙을 생각하지만, 무엇보다 '누군가 자신을 보고 있다'고 느끼게 하는 것이 효과적이다. 사람은 자신을 주목하는 누군가가 있다고 생각하면 더욱 열심히 한다. 이를 호손효과(Hawthorne Effect)라고 한다.

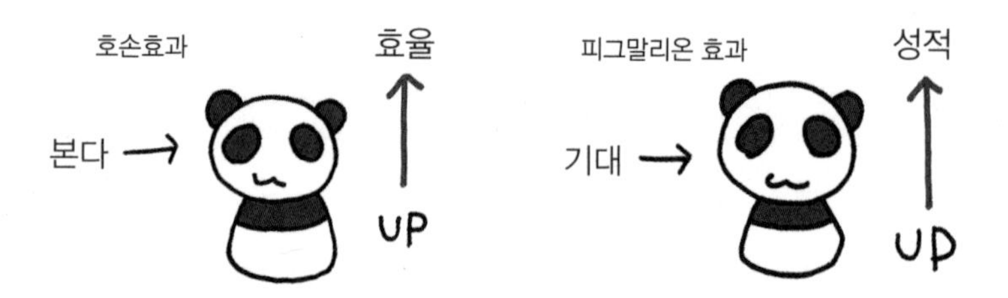


호손효과는 다른 사람의 시선을 의식할 때 효율이 올라가는 심리 현상을 말한다. 비슷한 효과로, 상대에게 기대를 하면 상대의 능력이 향상되는 피그말리온 효과(Pygmalion Effect)가 있다.

## 실험

미국 시카고 교외에 있는 호손이라는 공장에서 조명과 노동자의 생산성에 관해 조사했더니, 조명을 밝게 켜두는 쪽이 생산성이 올라간다는 결과가 나왔다. 그런데 밝기를 원래로 되돌려도 생산성은 떨어지지 않고 그대로였다고 한다.

이유를 조사해 보니, 조명의 밝기가 생산성에 영향을 미치는 것이 아니라 지금 생산성 실험을 하고 있다고 하는, 즉 '누군가 보고 있다'는 감각이 중요하다는 것을 알게 되었다. 그러나 샘플 수가 적다는 이유로 이 실험의 결과에 부정적인 견해도 있다.

집에서는 좀처럼 집중하지 못하는 사람이 있지? 이런 사람은 도서관에 가서 다른 사람의 시선을 의식하면서 공부나 일을 하는 게 좋아. 도중에 들락날락하거나 엎드려 자거나 하면 주위의 시선이 의식되잖아. '집중력이 없는 사람'이라고 찍힐 수도 있고, 잘 보이고 싶다는 심리가 작용하면 희한하게도 더 열심히 하는 게 인간이야.

## 관련 효과

→ 피그말리온 효과(p.44) → 스포트라이트 효과(p.32) → 공개선언 효과(p.96)

# 스포트라이트 효과

버스나 전철에서 다른 사람이 나를 쳐다보는 것 같은 기분이 들거나, 남의 눈이 신경 쓰여 거울 앞에서 머리 모양을 몇 번이고 고친 경험이 있을 것이다. 사람들은 타인의 일에 그다지 신경을 쓰지 않는다. 다소 이상한 구석이 있어도 특별히 확인하지는 않는다. 그런데도 사람들의 시선을 지나치게 의식하는 경우가 있다. 이를 스포트라이트 효과(Spotlight Effect)라고 한다.

스포트라이트 효과는 마치 무대 위에서 스포트라이트를 받는 것처럼 '누군가 자신을 쳐다본다'고 생각한 데서 붙은 이름이다. 사소한 실수에도 남들이 자신을 어떻게 볼지에 지나치게 신경을 쓰는 것도 이 심리효과이다.

**관련 효과** → 호손효과(p.30) → 자아누설감(p.58)

# 드레스 효과

우리는 제복을 입고 있는 사람에 대한 고정관념을 갖고 있다. 은행원이 감색 양복을 입고 있으면 성실하게 보여 믿음이 간다. 제복을 입은 소방관이나 경찰관을 보면 정의감 넘치는 용감한 사람이라고 느끼기도 한다. 이와 같이 제복 이미지와 입고 있는 사람의 성격을 연결해 생각하는 것을 드레스 효과 또는 유니폼 효과라고 한다.

빨간색 → 정렬적, 활동적
감색 → 안심, 성실한 느낌
흰색 → 상쾌한, 진실한
녹색 → 안전, 조화

이 효과는 시각 효과 중에서도 색상에 의한 영향이 강하다. 감색이나 진한 감색은 성실한 느낌과 신뢰감을 준다. 빨간색이나 주황색은 정의감 내지는 활동적, 열정적인 느낌을 주고, 흰색은 상쾌하고 진실한 이미지를 갖게 한다.

**관련 효과** → 후광효과(p.22) → 역할효과(p.60) → 스테레오타입(p.92)

# 밴드왜건 효과

선거 기간에 특정 후보자에게 유리한 내용의 방송이나 신문 기사를 접하면 왠지 그 사람에게 투표하고 싶어진다. 이것은 다수는 옳다고 하는 생각과 자신의 표를 헛되이 하고 싶지 않다고 하는 손실회피편향 때문이다. 이렇게 하면 당선될 사람을 자신이 선택했다는 정신적 만족감을 얻을 수 있다. 이런 심리를 밴드왜건 효과(Bandwagon Effect) 혹은 편승효과라고 한다.

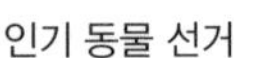

판다 후보

고양이 후보

밴드왜건이란 퍼레이드 행렬의 선두를 달리는 밴드들이 탄 마차를 가리킨다. 밴드왜건 효과는 밴드왜건을 보면 사람들이 이유 없이 호기심 때문에 따라가는 심리를 의미한다. 여기에는 개인의 생각보다 집단의 의견이 옳을 것이라는 심리도 작용한다.

## 실험

밴드왜건 효과는 미국의 경제학자 하비 라이벤스타인(Harvey Leibenstein)이 주창한 것으로, 유행에 따라 상품을 구입하는 소비 현상을 뜻한다. 밴드왜건 효과는 마케팅이나 판매 촉진에 널리 이용되고 있다.

예컨대 '화제의 상품', '대히트 공개 중' 등의 광고 문구는 실제로 상품이 히트한 다음에 발표하는 것이 아니라 처음부터 준비하는 경우가 많다. 밴드왜건 효과나 동조행동을 자극해 화제를 만드는 것이 목적이다.

### 판다 선생님이 알려 주는 심리 활용법

신상품을 성공적으로 홍보하고 싶을 때는 인터넷에서 입소문을 내는 게 최고야. 밴드왜건 효과로 히트를 노릴 수가 있거든. 신상품 정보는 70%가 인터넷으로 검색되고 수집된다는 조사 결과도 있으니까. 물론 인터넷 입소문이나 광고를 무턱대고 믿어서는 안 되지. 속지 않으려면 인터넷 정보는 참고만 하고 정보를 잘 모아야 해~

**관련 효과** → 언더독 효과(p.36) → 동조행동(p.26) → 손실회피편향(p.156)

# 언더독 효과

승리 마차를 타는 듯한 심리효과인 밴드왜건 효과와는 반대되는 심리효과도 있다. 예를 들면 고교야구에서 절대적인 우승 후보와 상대적으로 약한 학교의 시합을 보다가, 약한 학교가 우승 후보 학교를 이겨 주기를 바라며 마음속으로 응원한다. 이런 심리를 언더독 효과(Underdog Effect)라고 한다.

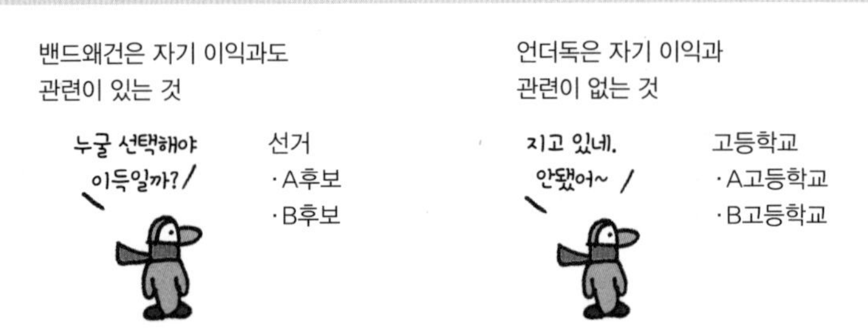


절대적인 강자가 존재할 때 상대적인 약자가 강자를 이겨 주기를 바라는 것처럼, 강자가 아닌 약자에게 감정이입하는 것은 인간이 갖고 있는 성향이다. 자신의 이익과 관계있는 것에 밴드왜건 효과가 작용한다면, 자신의 이익과 관계없는 것에는 언더독 효과가 작용한다.

**관련 효과** → 밴드왜건 효과(p.34) → 동조행동(p.26)

# 친화욕구

누군가와 함께 있고 싶거나 함께 있으면 안심이 될 때가 있지 않는가? 다른 사람과 함께 있고자 하는 욕구를 친화욕구(Psychology of Affiliation)라고 한다. 이 욕구는 남성보다는 여성이 강하고, 불안을 느끼면 더 강해진다. 고가품을 사러 갈 때 누군가와 함께 가고 싶은 것도 이 욕구 때문이다.

친화욕구는 개인차가 큰 심리효과에 속한다. 적극적으로 다른 사람과 함께 있으려는 사람, 시선을 적극적으로 마주치려는 사람은 친화욕구가 강한 사람이다. 외동이나 장남, 장녀가 친화욕구가 높은 편이다.

**관련 효과** → 동조행동(p.26)

# 몰개성화

평소에는 조용하고 부끄럼을 많이 타는 성격인데도 콘서트에 가면 고래고래 소리를 지르며 열광한다. 또 온화한 성격이다가도 운동 경기를 관람할 때는 자기 팀을 광적으로 응원하기도 한다. 이처럼 집단 속에서 자신의 정체성을 상실하고 평상시 억제하고 있던 행동이 나오는 것을 몰개성화(Deindividuation)라고 한다.

모르는 사람이 모인 집단 속에서는

자신을 억제하기가 쉽지 않다.

자기 멋대로 행동해도 눈에 띄지 않을 거라는 의식이 생기면 개방적인 행동을 하기 쉽다. 익명성이 보장되는 장소나 흥분 상태에서는 몰개성화가 더 심해지는 경향이 있다. 반대로 사회성을 유지하는 집단 속에서는 반사회적 행동을 하기 어렵다.

**실험**

스탠퍼드대학 심리학자 필립 짐바르도(Philip Zimbardo) 교수는 타인과 공감하는 실험이라 속이고 참가자를 모아 한 그룹당 4명으로 나누었다. 그리고 자루 같은 옷을 입게 해 누가 누군지 모르게 만들었다(몰개성화). 그런 후, 실험 참가자에게 나쁜 인상을 주도록 작위적인 테이프 소리를 들려주고 옆방에는 그 사람이 있다고 전했다. 그리고 그 사람에게 전기 충격을 주는 버튼을 누르라고 지시했다. 실험 결과 몰개성화 상태에서는 버튼을 누르는 시간이 길었다고 한다. 몰개성화 상태가 되면 사람은 냉혹해진다는 것을 알 수 있는 실험이다.

몰개성화 상태에서는 타인을 공격적으로 대하는 경향이 있어. 인터넷 게시판에서 남을 욕하는 건 이런 심리 때문이야. 익명이니까 남을 공격해서 기분을 풀려는 행위는 부정적인 감정을 증폭시킬 뿐이야. 스스로 불쾌한 감정을 늘리는 셈이지. 익명성이 보장된다고 해도 한숨 돌리고 침착하게 대해야 해. 이상한 사이트나 게시판은 아예 보지 않는 게 좋아. 거기서 발산해 봐야 자신에게 아무런 도움이 안 되니까.

**관련 효과** → 밀그램 효과(p.40) → 동조행동(p.26) → 루시퍼 효과(p.62)

# 밀그램 효과

사람은 전쟁과 같은 극한의 상황에서는 상관의 명령이면 상대를 죽이는 행위도 서슴지 않고 할 수 있다. 폐쇄적인 상황에 놓이면 '권위자'의 지시에 따라 행동하는 심리가 있기 때문이다. 이를 밀그램 효과(Milgram Effect)라고 한다. 이 효과는 아주 강해 좀처럼 벗어날 수가 없다.

↑폐쇄 공간

병원에서 의사가 하는 말을 따라야 한다거나, 교통정리를 하는 경찰관의 지시를 반드시 따라야 할 것 같은 기분이 드는 것도 이 심리효과이다.

## 실험

미국 심리학자 스탠리 밀그램은 실험 참가자를 교사와 학생 역할로 나누고 2개의 방으로 안내한 다음, 기억력 테스트를 실시했다. 그리고 학생 역할을 하는 사람이 틀릴 때마다 교사 역할을 하는 사람에게 그 벌로 전기 충격을 차츰 강하게 가하라고 지시했다.

전기 충격이 강해지자 학생 역할을 하는 사람은 벽을 두드리는 등의 행동을 취했다(실제로 전기 충격을 받은 것처럼). 이 반응을 보고 교사 역할을 하는 사람 대부분은 실험을 그만두고 싶다고 했으나, 주최자는 실험을 계속하도록 명령했다. 그러자 교사 역할을 하던 40명 중 26명(65%)은 마지막까지 실험을 계속했다.

### 판다 선생님이 알려 주는 심리 활용법

밀그램의 실험에서 주최자가 교사에게 명령했더니 65%의 사람이 끝까지 했잖아. 그런데 주최자가 방에 없을 때는 끝까지 한 교사가 22%로 줄었대. 상사나 선배가 무리한 요구를 했을 때, 가까이 있지 않고 거리를 두면 무모한 명령을 회피할 수 있어. 이건 활용하면 좋은 지혜야.

**관련 효과** → 몰개성화(p.38) → 동조행동(p.26) → 루시퍼 효과(p.62) → 부메랑 효과(p.43)

# 시선의 엘리베이터 현상

회사에서 동료(특히 이성)와 같은 엘리베이터를 타자마자 대화를 멈춘 적이 있는가? 이것은 개인공간과 밀접한 관련이 있다. 엘리베이터처럼 좁은 공간에서는 상대와 유지해야 할 적당한 거리가 무너져 버린다. 더 친밀한 관계에서 유지되는 거리가 되는 것이다. 하지만 실제로는 그 거리에서 대화할 만큼 친하지 않기 때문에 부끄러워 대화를 멈추게 된다. 이를 시선의 엘리베이터 현상이라고 한다.

거리가 떨어져 있으면
자연스럽게 대화를 하지만

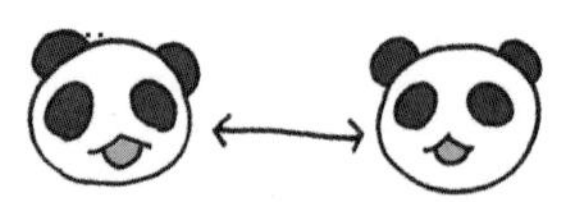

혼잡한 엘리베이터 안에서는
너무 가까워 대화하기 어렵다.

시선의 엘리베이터 현상은 가까워지고 싶은 상대에게 활용할 수 있다. 혼잡한 엘리베이터에 탔다면 자연스럽게 말을 걸어 보라. 개인차는 있지만 보통 이 거리는 친해지고 나서 취하는 행동이다. 그런데 행동을 먼저 하면 가까워지는 계기가 될 수도 있다.

**관련 효과** → 개인공간(p.10)

# 부메랑 효과

부모가 공부하라고 하거나 상사가 조금만 더 노력하라고 하면 오히려 의욕을 상실하거나 반발하고 싶어진다. 이런 성향을 부메랑 효과(Boomerang Effect)라고 한다. 설득(지시)이 부메랑의 궤적처럼 그 행위를 한 사람에게 부정적인 효과(감정)로 돌아온다고 해서 붙은 이름이다.

사람은 자신의 생각이나 행동을 자유롭게 선택하고 싶은 마음이 있다(반대 기분도 있지만). 그런데 입장이 다른 윗사람이 강하게 설득(지시)이라는 압력을 가해 오면 설득(지시)에 반발해서 자유를 얻고 싶은 마음이 생긴다. 부메랑 효과는 권력에 대한 반발심과 타인과의 신뢰 관계 등에도 큰 영향을 미친다. 신변에 위험이나 불이익을 느낄 경우에는 밀그램 효과가 작용하고, 위험이나 불이익을 느끼지 않을 경우에는 부메랑 효과가 작용한다.

**관련 효과** → 밀그램 효과(p.40)

# 피그말리온 효과

부하 직원을 제대로 키우는 일은 쉽지 않다. 상사가 부하를 꾸짖어 키우려고 하면 부하는 깊이 낙심해 자칫 회사를 그만둘 수 있다. 반대로 기대를 하며 칭찬해서 키워 주려고 하면 우쭐해져 말을 듣지 않을 수가 있다. 어느 쪽이 더 나은가? 심리학적으로는 칭찬해 키우는(기대해서 키우는) 쪽이 효과가 좋다. 사람은 타인의 기대에 부응하려는 심리가 있는데, 이를 피그말리온 효과(Pygmalion Effect)라고 한다.

이 효과는 피그말리온 왕이
사랑하던 여인상을

신이 사람으로 만들어 주었다는
전설에서 유래했다.

피그말리온이란 그리스 신화에 나오는 왕 이름이다. 피그말리온 왕은 혼자 살기로 결심하고 그 대신 아름다운 여인상을 하나 직접 조각했는데, 그만 그 조각상과 사랑에 빠지고 말았다. 피그말리온이 조각상을 아내로 맞이하게 해달라고 간절히 기원하자, 그의 사랑에 감동하여 신이 조각상을 사람으로 만들어 주었다는 전설이다. 연구자의 이름을 따서 로젠탈 효과(Rosenthal Effect)라고도 한다.

**실험**

심리학자 로버트 로젠탈(Robert Rosenthal)은 초등학생들을 대상으로 지능검사를 했다. 그런 뒤 지능검사 결과와 상관없이 무작위로 20%의 학생을 뽑아, 학생 명단을 교사에게 전달하며 '장래가 유망한 학생'이라고 했다.

1년 후 다시 지능검사를 하자, 무작위로 뽑은 20%의 학생 성적이 실제로 향상된 것으로 나타났다. 교사는 유망하다는 점을 믿고 기대하며 칭찬으로 대했고, 아이들도 교사의 기대에 부응하려고 노력한 결과로 볼 수 있다.

**판다 선생님이 알려 주는 심리 활용법**

야단을 맞으면 일시적으로 노력하지만 오래가지 못한다.

칭찬하면 즉효성은 약하지만 효과는 오래간다.

칭찬해서 키우는 데 위화감을 느끼는 사람도 있을 거야. 야단을 쳐야 즉시 행동하는 사람이 많으니까. 하지만 야단을 맞고 움직이는 건 오래 지속되기가 어려워. 칭찬은 즉효성은 없을지 몰라도 장기적 동기 부여가 되지. 그러니까 칭찬과 꾸지람을 잘 이용하는 게 좋겠지. 그리고 상대를 믿고 대하면 사이가 좋아지는 장점도 있어.

**관련 효과** → 호손효과(p.30) → 자기성취예언(p.91)

# 런천 테크닉

中
심리효과

大
개인차

사업상 식사를 하면서 상담을 하는 일이 종종 있다. 함께 음식을 먹으면서 의견을 나누다 보면 친밀감이 형성되어 상대의 제안을 쉽게 받아들인다. 이런 경향을 심리학에서는 런천 테크닉(Luncheon Technique)이라고 한다. 거래처의 중요 인물을 접대하거나 정치가가 고급 음식점을 이용하는 것은 밀실효과뿐만 아니라 상대의 공감을 얻기 쉽기 때문이다.

식사를 하면 유쾌해지고
긴장이 풀린다.

같은 체험을 하는 사람에게
친근감이 더해진다.

맛있는 음식을 먹으면 기분이 좋아진다. 차분한 분위기에서 식사를 하면 기분이 편안해진다. 유쾌하고 긴장이 완화된 상태에서는 상대의 말에 쉽게 공감하는 경향이 있어서 이쪽의 요구가 받아들여질 가능성이 높다.

## 실험

미국 심리학자 그레고리 레즐런(Gregory Razran)은 실험 참가자들과 식사를 하던 중 자신의 정치적 견해를 설명했다. 식사가 끝나고 참가자들에게 자신의 견해에 대해 물었더니 식사 전보다 호의적인 반응이 많았다. 식사 전과 후의 호감도가 달라진 것이다. 다른 실험에서도 가볍게 식사를 하면서 물어본 그룹과 아무것도 먹지 않고 물어본 그룹 간에는 동의율에 차이가 있었다고 한다.

### 판다 선생님이 알려 주는 심리 활용법

이 심리는 비즈니스뿐 아니라 연애에도 활용할 수 있을 것 같아. 좋아하는 사람과 함께 식사를 하면 호의를 갖게 되거든. 여기서 주의해야 할 것은 무조건 식사를 함께 하는 것이 좋다는 게 아니야. 맛있다고 느끼는 게 중요하다는 거지. 서로 맛있다고 말하며 공감하면 효과가 배가 돼. 그러면 '연합의 원리'라 불리는 효과도 기대할 수 있거든. 후에 식사를 떠올리면 기분 좋았던 일이 되살아나서, 그 감각을 공유한 상대에 대한 호감도가 더 높아지는 거야.

**관련 효과** → 미러링 효과(p.150)

# 언더마이닝 효과

일이 재미있거나 공부가 좋아서 하고 있는데, 갑자기 더 노력하면 보상(용돈)을 주겠다고 하면 반대로 노력하고 싶은 마음이 없어지는 경우가 있다. 이것은 보상 같은 외적인 동기로 인해 내적 동기가 떨어져서 일어나는 현상이다. 이런 현상을 언더마이닝 효과(Undermining Effect)라고 한다.

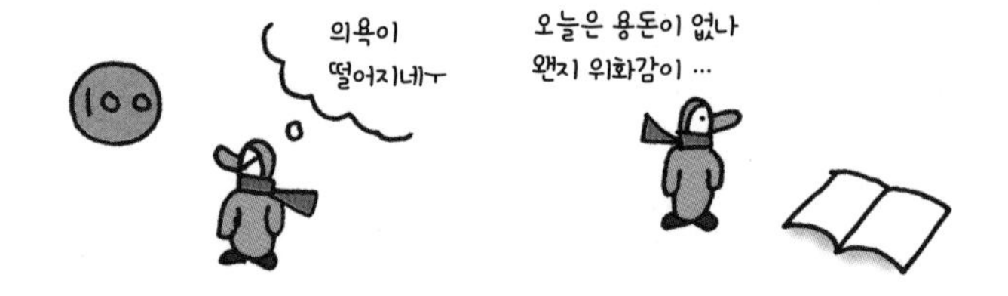


보상을 기대하지 않고도 열심히 하고 있는데 보상을 제시하는 것은, 의욕을 꺾을 뿐 아니라 보상이 없으면 노력하지 않는 역효과가 날 수도 있다.

관련 효과 → 피그말리온 효과(p.44) → 강화효과(p.49) → 부메랑 효과(p.43)

# 강화효과

언더마이닝 효과와는 반대로 내적인 동기가 아니라 칭찬이나 보수(보상) 같은 외적 동기에 따르는 것을 강화효과(Enhancing Effect)라고 한다. 회사원이 진급이나 승진을 위해 열심히 일하고 운동선수가 대회 우승(명예)을 위해 노력하는 것은 바로 이 강화효과의 영향이다.

남성

여성

강화효과는 금전 같은 물리적 보상뿐 아니라 칭찬 같은 언어적 보상도 효과적이다. 특히 남성에게는 결과를 사람들 앞에서 칭찬하면 효과적이고, 여성에게는 노력이나 과정을 칭찬하는 것이 더 효과적이다.

**관련 효과** → 피그말리온 효과(p.44) → 언더마이닝 효과(p.48)

# 사회적 보상

大
심리효과

中
개인차

"○○씨 이거 좀 해줄래요?" 하는 식으로, 부탁을 하기 전에 상대의 이름을 부르면 자신도 모르게 요구나 의뢰를 받아들이는 심리가 있다. 이름을 부르는 행위는 그것만으로도 사회적 보상(Social Compensation)이 된다. 자기 존재를 인정받고 싶어 하는 마음에 대한 보상이 작용하는 것이다. 상대가 자신의 이름을 부르면 자신만 할 수 있다는 착각을 할 수도 있다. 존경을 받는다든가 지명도가 올라가는 것도 사회적 보상의 일종이다.

이름을 부른 다음 부탁하면
90%의 학생이 사다 준다.

그냥 부탁하면
50%의 학생이 사다 준다.

미국의 한 대학에서 실시한 실험에서 교수가 학생에게 쿠키를 사 달라고 부탁했는데, 이름을 부른 다음 부탁하면 90%의 학생이 사다 주었다고 한다(이름을 부르지 않은 경우는 50%였다). 일상생활에서도 "○○씨 수고 많아요."라고 말을 걸어주면 상대와의 거리는 좀 더 좁혀진다.

**관련 효과** → 인정욕구(p.8)

# 애런슨의 부정법칙

中 심리효과

中 개인차

사람은 누구나 칭찬을 받으면 기분이 좋아진다. 오랜 친구보다 가깝지 않은 사람에게 칭찬을 받으면 묘하게 기분이 더 좋아진다. 왜 그럴까? 관계가 깊지 않은 사람에게 칭찬을 받으면 마음이 움직이기 쉽기 때문이다. 이를 미국의 심리학자 엘리엇 애런슨(Elliot Aronson)의 이름을 따서 애런슨의 부정법칙이라고 한다.

비즈니스 세계에서는 관계가 깊지 않으면 상대가 조심스러워 칭찬하기가 쉽지 않다. 하지만 애런슨의 부정법칙을 알고 나면 칭찬하는 것이 좋다는 것을 느낀다. 오래 지속되는 이성과의 우정이 연애 관계로 발전하지 않는 것도 이 법칙과 관계있다. 친구로 지내는 이성의 칭찬에는 마음이 잘 움직이지 않기 때문이다.

# 윈저효과

칭찬도 누구에게 어떤 식으로 듣느냐에 따라 기분이 달라진다. 칭찬해 주는 상대에게 직접 듣는 것보다 제삼자를 통해 간접적으로 들으면 더 기분 좋게 느껴진다. 이런 경향을 윈저효과(Windsor Effect)라고 한다. 윈저란 미스터리 소설에 등장하는 윈저 백작 부인이 '제삼자를 통해 칭찬하는 편이 더 효과적이다.'라고 말한 대사에서 유래했다.

직접 들으면 의도가 있다고
느낄 수 있지만,

제삼자를 통해 들으면 진실이라고 생각한다.

"○○ 씨가 널 많이 칭찬하던데."라는 말을 들으면 직접 칭찬하는 말을 듣는 것보다 신뢰의 강도가 훨씬 높다. 칭찬이 다른 사람에게도 전해진 것처럼 느껴지기 때문에 기쁨은 더 커진다. 누군가를 칭찬할 경우 응용할 수 있는 것이 바로 이 윈저효과다.

# 게인로스 효과

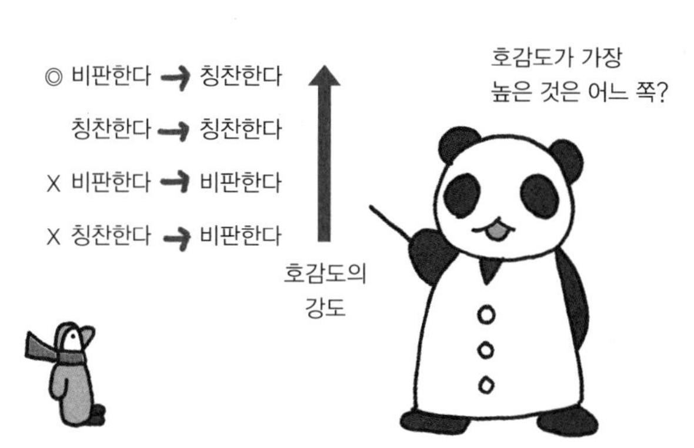

대화를 하다 보면 상대를 칭찬할 때도 있지만 냉정하게 말할 때도 있다. 이 두 가지를 동시에 사용할 때는 주의해야 할 것이 있다. 미국의 심리학자 엘리엇 애런슨과 다윈 린더(Darwyn Linder)는 칭찬 실험을 한 결과 다음과 같은 효과를 발견했다. 처음엔 냉정하게 비판하다가 나중에 칭찬하는 사람은 처음부터 끝까지 칭찬으로 일관하는 사람보다 더 큰 호감을 얻게 된다는 것이다.

한번 떨어뜨린 다음에

칭찬하면 정말 기분 좋게 느껴진다.

이런 경향을 게인로스 효과(Gain-Loss Effect)라고 한다. 한번 비판을 받아 침울해진 감정이 나중에 칭찬을 받으면 큰 기쁨으로 바뀔 수 있다. 반대로 칭찬한 다음에 비판을 하게 되면 호감도가 떨어지기 때문에 하지 않는 것이 좋다.

**관련 효과** → 초두효과(p.6) → 자기긍정욕구(p.153)

# 자기개시

취미나 가족 관계, 하고 있는 일, 성격, 꿈 등을 상대에게 밝히는 것을 자기개시라고 한다. 친하지 않은 상대에게 자신의 성격이나 꿈에 대해 말하기는 좀 쑥스러울 수도 있다. 하지만 있는 그대로의 모습을 상대에게 보여주면 상대와의 친밀도가 훨씬 올라간다.

쑥스럽지만 자기개시를 하면

상대도 자기개시를 하기 쉽다.

자기개시를 하면 상대도 그 정도의 자기개시를 하고 싶어지는 심리가 생긴다. 상대가 거기까지 말해 줬으니까 자신도 그래야 할 것 같은 마음이 드는 것이다. 이런 성향을 자기개시의 반보성(返報性)이라고 한다. 반보성이란 타인에게 받은 호의에 보답을 해야 한다는 감정을 갖는 심리 작용을 뜻한다. 비슷한 말로 자기제시가 있는데, 좋은 인상을 주려는 의도에서 자신의 모습을 꾸며서 상대에게 보이려는 것을 말한다.

**연구**

자기개시에 대해서는 많은 심리학자가 다양한 연구를 하고 있다. 중학교 교사와 학생의 자기개시에 대해 연구한 결과에 의하면, 담임과 학생지도교사, 체육교사는 학생에게 자기개시를 하는 경향이 높은 반면, 교장은 자기개시 경향이 낮은 것으로 나타났다.

또한 학생에게 자기개시를 잘하는 교사가 학생과의 심리적 거리도 가까웠다고 한다.

**판다 선생님이 알려 주는 심리 활용법**

자기개시의 반보성을 잘 사용하면 상대와 친밀도를 높일 수 있지. 학교나 회사에서 좀처럼 말하기 어려운 이야기는 친해지고 나서가 아니라 반대로 친해지기 전에 하면 친밀도가 높아질 수 있어. 그러니까 먼저 마음을 열고 자신에 대해 말해 봐. 처음에는 취미, 출신지, 관심 같은 이야기로 시작해서 그 이야기에 관련된 실패담이나 실수, 바람 등을 이야기하는 거지. 그러고 나서 말하기 힘든 이야기를 하면 좋을 것 같아.

**관련 효과** → 자기제시(p.56) → 숙지성의 법칙(p.138)

# 자기제시

사람들은 누구나 타인의 눈에 신경을 쓴다. 타인을 의식해서 좋은 인상을 주려고 자신의 언행을 꾸미기도 한다. 단점을 감추고 새로운 장점을 만들어 원래 그 장점이 있었던 것처럼 행동하기도 한다. 이처럼 남에게 좋은 인상을 주려고 자신의 인상을 꾸미는 것을 자기제시라고 한다.

간단한 자기제시는 자랑하는 말에서 나올 수 있다. 특히 남자들은 자신을 좋게 보이려는 성향이 강해 경험이나 업적을 크게 부풀려 과장하는 경우가 많다. 자신의 좋은 점을 어필하려는 것을 자기선전이라고 하며, 이외에 아첨이나 위협도 자기제시의 일종이다.

**실험**

자랑과 겸손을 적당히 섞어 자기제시를 했을 경우, 듣고 있던 상대의 호감도에 변화가 있는지 살펴본 실험이 있다. 실험 결과 60% 비율로 자랑하는 이야기가 들어간 내용을 좋아하는 것으로 나타났다.

자랑이 너무 지나치면 듣기 거북하지만 반대로 겸손한 이야기로 일관해도 호감도가 떨어진다. 호감도를 높이려면 적당히 자랑하는 게 좋다는 것을 알 수 있다.

자기 딴에는 자기개시를 했다고 했는데 실제로는 자기자랑만 늘어놓은 자기제시가 돼 버린 경우가 있어. 이건 물론 좋지 않지. 만약 상대에게 뭔가 부탁하려면 상대의 동정을 얻을 수 있는 애원조의 자기제시가 효과가 있을지도 몰라. 그런데 노력은 허사가 되고 불운이 계속된다는 식의 이야기를 진지하게 하면 반발을 사기 쉬워. 재미있는 이야기를 해서 사람들을 웃기는 것도 좋을 것 같아. 어떻게 반응할지는 사람에 따라 다르니 다양하게 시도해 보는 것도 좋겠지.

**관련 효과** → 자기개시(p.54)

# 자기누설감

상대에 대해 느낀 인상이나 생각이 상대에게 전해진 것이 아닐까 불안해지는 일이 있다. 이와 같이 직접 말하지는 않았지만 상대가 자신의 내면을 알아차리지 않을까 두려워하는 심리가 자기누설감이다. 내 생각이 상대에게 전해지지 않을까 불안해하는 감정은 상대에 대한 혐오감이나 불쾌한 감정 등 부정적인 것이 대부분이다.

자기 감정을 들킬까 봐 불안한 이유는 자신이 상대에 대해 부정적이기 때문

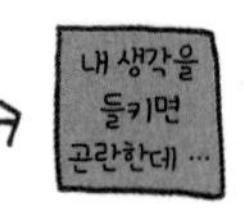

들키지 않았지만 자신의 내면을 알아차릴까 두려워한다.

싫은 상대와 대화를 하다 보면 상대를 싫어하는 자신의 마음이 들통나지 않을까 두려워하기도 한다. 이뿐만 아니라 가까운 가족 등에게는 특별히 아무 말 하지 않았는데도 상대가 자신의 행동을 꿰뚫어 보는 것처럼 느끼기도 한다.

**관련 효과** → 스포트라이트 효과(p.32)

# 마인드 컨트롤

외부의 정보를 조작해 타인에게 특정 생각이나 사상을 부여함으로써 마치 자기 의사로 정한 것처럼 미리 예정된 결론으로 유도하는 기법을 마인드 컨트롤(Mind Control)이라고 한다. 마인드 컨트롤은 종교 관련 사건에서 자주 거론되곤 한다. 그러나 정신의학의 원리를 응용한 테크닉 또는 일반적인 심리 조작의 하나로 간주되기도 해서, 특별한 효과가 있는 것은 아니라는 견해도 있다.

세뇌는 사회에서 격리시켜…

사상을 주입시키는 방식

마인드 컨트롤을 세뇌와 혼동해 사용하는 경우가 있다. 세뇌는 장기간에 걸쳐 사회에서 격리된 환경 속에서 사상이나 주의를 주입시키는 경우가 많다. 그러므로 교묘하게 대화나 정보 조작으로 사상을 왜곡하는 마인드 컨트롤과는 다르다.

**관련 효과** → 라벨링 효과(p.95) → 자기성취예언(p.91)

# 역할효과

학교에서 무책임하게 굴던 학생이 학급위원이 되고부터는 확실히 달라진 모습을 보인다든가, 책임감이 없던 사람이 회사에서 임원이 되자 책임감을 느끼고 일하는 경우가 있다. 지위나 역할이 주어지면 그 지위나 역할에 맞게 자신의 성격이나 행동을 바꾸는 심리가 작용한다.

역할이 없으면…

역할이 주어지면…

이런 경향을 역할효과라고 한다. 역할은 사람의 생각이나 행동을 변화시킨다. 처음에는 역할에 맞게 노력하지만 어느샌가 역할에 상응하는 사람으로 성장하게 된다.

## 조사

일본의 아동 심리학자 다나카 구마지로(田中熊次郎)는 학급위원으로 임명된 초등학교 5학년 학생들에게 어떤 변화가 나타나는지 조사했다.

조사 대상 학생 중 특히 눈에 띄지 않던 학생도 학급위원으로 임명되면, 리더십이 생길 뿐만 아니라 공부도 열심히 하는 것으로 나타났다. 이것은 학급위원에 걸맞은 사람이 되려고 노력하기 때문으로 볼 수 있다.

### 판다 선생님이 알려 주는 심리 활용법

역할효과는 심리효과 중에서도 상당히 강한 효과가 있어. 책임감을 길러 주고 싶은 사원이 있다면, 책임감을 길러 준 다음에 역할을 주는 것이 아니라 먼저 역할을 주고 책임감을 갖게 하는 방법도 있어. 나도 사실은 뒹굴뒹굴하는 게 싫지만 판다 역할을 다해야 하니까 마지못해 뒹구는 거야~

**관련 효과** → 루시퍼 효과(p.62)

# 루시퍼 효과

개인적으로는 유순한 사람도 집단 속에서는 악한 행동을 하는 일이 있다. 이를 루시퍼 효과(Lucifer Effect)라고 한다. 루시퍼 효과는 천사에서 악마로 전락한 루시퍼에서 유래한 이름이다. 집단 따돌림이나 폐쇄된 환경에서 자행되는 학대 등 처한 환경에 따라 누구든 악인이 될 수 있는 위험이 있다.

집단 속에 있으면 책임 능력이 희박해져서

공격적인 행동을 하기도 한다.

사람은 집단 속에서 상대(개인)가 약한 존재라고 생각되면 잔혹한 행위를 할 가능성이 높아진다. 반대로 강한 공포감이나 스트레스를 받으면 의사결정 능력이나 책임감을 상실할 수도 있다. 고통을 받은 사람이 고통을 가하는 입장이 되면 상대의 고통을 이해하는 것이 아니라 인간 내면에 숨겨진 악한 본성이 강하게 드러난다.

**실험**

스탠퍼드대학 필립 짐바르도 교수는 모형 감옥을 만들고 실험 참가자를 모은 다음, 교도관과 수감자 역할로 나누어 역할이 사람의 행동에 어떤 영향을 미치는지 실험했다.

이 실험에서 교도관 역할을 하는 사람은 차츰 공격적으로 변해가는 반면, 수감자 역할을 하는 사람은 맹목적으로 복종하는 사람으로 변해갔다. 교도관 역할을 한 사람이 아무런 죄책감 없이 악랄한 행동을 자행하는 등 난폭해지자 실험은 6일 만에 중지되었다.

**판다 선생님이 알려 주는 심리 활용법**

루시퍼 효과를 잘 모르면 사람은 아주 쉽게 악인이 될 수 있어. 만약 누군가를 골탕 먹이려는 분위기가 되면 이 효과를 떠올렸으면 해. 집단의 악행이 점점 심해지면 어느새 정말로 나쁜 일을 하게 되거든. 그러니까 그런 건 하지 말자고 목소리를 높여야 해. 행동으로 감정을 억제하는 것이 중요하다는 걸 잊지 마.

**관련 효과** → 역할효과(p.60) → 몰개성화(p.38)

# 친근효과

마지막에 들은 이야기를 토대로 판단해서 유죄

처음에 본 것의 영향이 계속해서 남는 초두효과와는 달리, 마지막에 받은 인상이 강하게 영향을 미치는 심리도 있다. 이를 친근효과라고 한다. 미국 모의재판 실험에서 증언 타이밍과 배심원이 받은 영향을 조사한 결과, 많은 정보를 주면 배심원은 마지막에 얻은 정보에 영향을 받는 것으로 나타났다.

시각 정보는 초두효과를 유발한다.

많은 언어 정보는 친근효과를 유발한다.

시각 정보는 처음에 받은 인상이 강하게 영향을 미친다. 외모가 첫인상에서 중요한 것은 이 때문이다. 하지만 언어 정보가 많을 경우에는 중요한 말을 마지막에 하는 것이 좋다. 이야기 도중에 중요한 말을 하면 상대가 잊어버리기 때문에 극적 효과를 기대하기 어렵다.

**관련 효과** → 초두효과(p.6) → 앵커링 효과(p.168) → 피크엔드 법칙(p.120)

# 스틴저 효과

대립하는 점이 많은 상대와는 마주 보고 앉는 경우가 많다.

미국 심리학자 스틴저는 회의에서 발언자의 심리와 앉는 자리에 대한 연구를 해서 다음과 같은 데이터를 모았다. ① 대립하는 일이 많은 상대와는 마주 보고 앉는 경우가 많다. ② 어떤 의견에 대한 반론은 흔히 그 의견 직후에 제기된다. ③ 리더십이 약한 의장은 마주 보고 앉은 사람과 사적인 대화를 많이 하는 반면, 리더십이 너무 강하면 옆자리에 앉은 사람과 사적인 대화를 많이 한다.

반대 의견을 내놓을 만한 사람이 있다면

옆자리에 앉는 작전이 필요하다.

이런 경향을 스틴저 효과(Stenger Effect) 또는 스틴저의 3원칙이라고 한다. 자리가 비어 있는데도 자신의 정면에 앉으려는 사람은 주의해야 한다. 반대 의견을 내놓을 만한 상대가 있을 경우에는 옆자리에 앉으면 반대 의견을 쉽게 제시하지 못할 수 있다.

**관련 효과** → 개인공간(p.10)

# 허위합의 효과

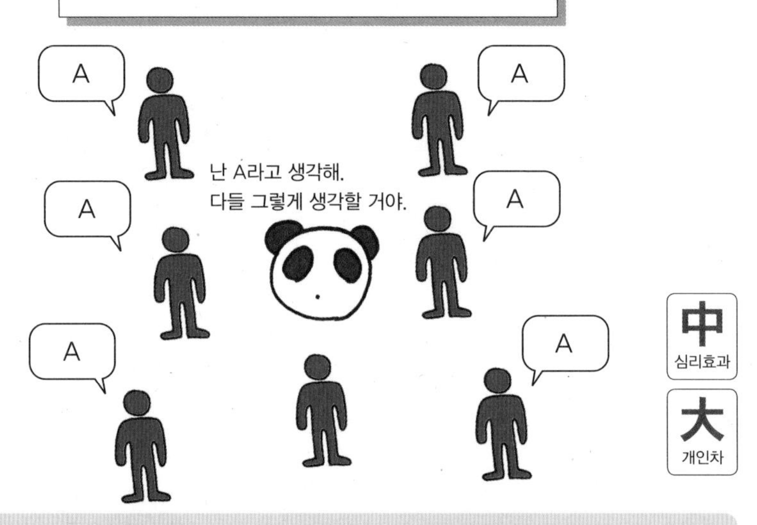


사람은 다양한 의견을 갖고 있지만 남도 자신과 같은 생각일 거라고 믿는 경향이 있다. 이런 경향을 허위합의 효과(False-consensus Effect)라고 한다. 예컨대 가격이 싸다고 느끼면 다른 사람들도 똑같이 느낄 거라고 생각한다. 그래서 품절되지 않을까 불안해하기도 하고, 영화를 보고 나서 다른 사람도 자신과 같은 느낌일 거라고 생각하기도 한다.

이 효과가 강하게 나타나는 사람은 의사소통에 주의해야 한다.

자신의 생각이 다른 사람들과 같거나 자신의 의견이 다수파일 거라고 느끼는 심리를 허위합의 효과라고 한다. 이 심리효과가 강한 사람은 타인이 자신과 의견이 같지 않은 것을 이상하게 생각하기 때문에 의사소통에 어려움을 겪을 수 있다.

**관련 효과** → 동조행동(p.26)

제 2 장

# 성격심리학

## 내 성격은? 저 사람의 성격은?

제1장에서는 대인관계에 대한 심리를 알아보았다. 제2장에서는 자기 자신에 대한 심리효과를 알아본다. 성격이 형성되는 요인과 대표적인 성격 분류를 살펴보고, 성격이란 어떤 것인지 심리효과를 통해 설명한다.

# 현재의식

大
심리효과

'다음 모퉁이에서 오른쪽으로 꺾어야지', 'A와 B라면 A로 하자' 등 우리는 마음속으로 생각하고 행동한다. 이렇게 마음속으로 판단하는 명료한 의식을 현재(顯在)의식이라고 한다. 표층의식이라고도 하는데, 고민되거나 불안해지면 이성적으로 생각해 선택하고 행동하도록 자신을 컨트롤한다.

수면 위로 나온 부분이 현재의식

감각기관을 통해 얻은 정보를 분석해서 사고하고 행동으로 옮긴다.

보통 '의식'이라고 하면 이 현재의식을 말한다. 시각이나 청각, 촉각 등의 감각을 통해 수집한 정보를 과거 기억과 비교해 분석하거나 평가한 뒤 행동으로 옮긴다.

**관련 효과** → 잠재의식(p.69) → 조하리의 창(p.75) → 투영법(p.76)

# 잠재의식

현재의식이 사람의 행동을 컨트롤하지만, 마음속에는 자신이 알지 못하는(의식하지 못하는) 부분이 존재한다. 이것이 잠재의식(Subconsciousness)이다. '다음 모퉁이에서 오른쪽으로 꺾어야지'라고 생각하면서도 자기도 모르게 왼쪽으로 꺾거나, 'A와 B라면 A로 하자'고 생각하면서도 B를 손에 들고 있는 것을 말한다.

의식의 대부분은 잠재의식

표층에는 보이지 않는 것이
잠재되어 있다.

전체 의식 가운데 현재의식은 극히 일부분이고 많은 부분이 잠재의식이다. 잠재의식은 의식의 밑바닥에 가라앉아 있다. 잠재의식에는 과거 생각이나 학습이 축적되어 있다가 직감적인 계기에 의해 튀어나오기도 한다.

**관련 효과** → 현재의식(p.68) → 조하리의 창(p.75) → 자기성취예언(p.91) → 서브리미널 효과(p.106)
→ 미러링 효과(p.150)

# 성격

사교적인 성격의 판다

내성적인 성격의 판다

성격(Character)이란 사람의 특징을 나타내는 것으로, 그 사람의 독자적인 사고나 행동 성향을 말한다. 몸이 크다, 작다 같은 신체적인 특징이 아니라 '갖고 있는 생각' 같은 내면의 특징을 가리킨다. 또한 성격에는 독자성과 일관성이 있다. 예컨대 험담하는 말을 듣고 화를 내는 사람이 있는가 하면 자신에게 잘못이 있다고 반성하는 사람도 있다. 이런 반응은 사람이나 상황에 따라 다르게 나타나는데, 성격의 독자성에서 오는 경우가 많다.

야단을 맞아도 반응은 가지각색

평소 나태한 생활을 하는 사람은
무슨 일에서나 나태한 자세를 취한다.

일관성이란 상황이 변해도 사고나 행동은 변하지 않는 것을 말한다. 사무실 책상을 정리하지 않는 사람은 집에 있는 책상도 정리하지 않는 경우가 많다. 이처럼 성격은 일시적으로 변하는 것이 아니라 자신이 갖고 있는 사고나 행동 패턴을 가리킨다.

**연구**

성격을 분류하는 방법에 대한 다양한 연구가 진행되고 있다. 성격 5요인설도 그중 하나다. 성격 5요인설에서는 외향적인가 내향적인가 등 5가지 기준으로 성격을 평가해 분류한다.

※내용과 명칭 모두 연구자에 따라 다르므로 간단히 정리한다.

① 외향적 ⟷ 내향적
② 애착성 ⟷ 분리성
③ 자연성 ⟷ 통제성
④ 감정적 ⟷ 비감정적
⑤ 유희성 ⟷ 현실성

**판다 선생님이 알려 주는 심리 활용법**

사람은 분류하는 것을 좋아한다. 혈액형 성격 진단도 그렇다.

불쾌하게 생각하는 사람도 있다는 걸 알아 두자.

사람은 분류하는 걸 좋아하는 것 같아. 성격을 분류하는 것도 좋아하고. 혈액형이 A형인 사람은 소심하고 O형은 낙천적이라는 둥 혈액형별로 성격을 단정 짓기도 하잖아. 혈액형별 성격 진단은 일본에서 생긴 건데, 아시아권의 일부 나라에서만 사용할 뿐 서양에서는 인정하지 않아. 혈액 속에 성격을 좌우하는 요인이 아직 발견되지 않았거든. 그래서 과학적인 근거가 없다고 부정하는 거지. 그런데도 혈액형 진단을 신앙처럼 믿는 사람이 있어. 물론 강하게 부정하는 사람도 있지만. 그러니까 화젯거리가 없어도 어른들 세계에서는 혈액형으로 성격을 진단하는 따위의 이야기는 꺼내지 않는 것이 좋아. 그게 현명하다고 생각해.

**관련 효과** → 인격과 기질(p.72)

# 인격과 기질

성격과 비슷한 말로 '인격'이 있다. 일반적으로 인격은 성격보다도 평가적으로 사용되는 일이 많아 다른 말로 이해되곤 한다. 가령 인격자는 고상한 인품을 가리킬 때 사용된다. 인격은 성격의 행동 패턴이나 사고 경향뿐 아니라 지적이거나 관용적 성질에 특히 많이 사용된다.

성격은 그 사람의 행동 또는 사고 패턴

인격은 성격보다 더 평가적으로 사용된다.

기질은 타고난 성격경향이다.

심리학 세계에서는 인격을 퍼스낼리티(personality)라고 한다. 라틴어 '페르소나'에서 온 말로 극장용 가면을 뜻한다. 반면 성격은 캐릭터라고 하는데, 흔히 영화나 게임에 나오는 등장인물을 가리킨다. 인격과 성격은 원래 다르지만 같은 뜻으로 사용되기도 한다.

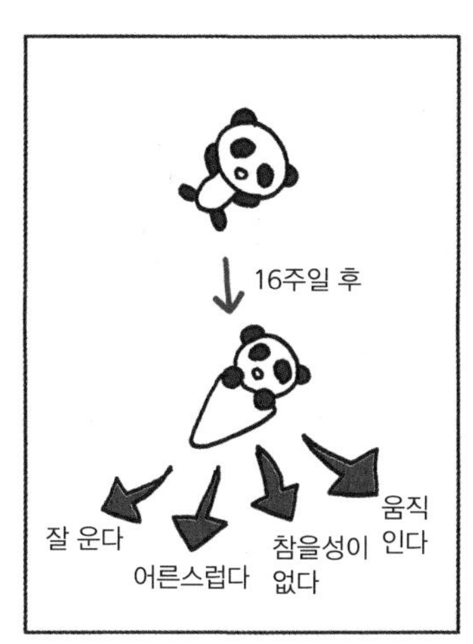




## 연구

인격이나 성격과 비슷한 말로 '기질'이 있다. 기질은 인생 경험이 비교적 적은 시기에 드러나는 성격적 특징으로, 성격의 기초가 되는 기본적 성질을 가리킨다.

반응이 민감한가 아니면 둔감한가, 기분이 잘 변하는가 아니면 침착한가 등으로 분류된다. 최근 연구에서는 아기에게도 개개인의 행동 패턴이 다르다고 알려졌다. 미국 연구에 의하면 사람의 기질 성향은 생후 약 16주면 나타난다고 한다.

### 판다 선생님이 알려 주는 심리 활용법

성격은 바뀔까? 이따금 토론거리가 되는데 말이야, 전문가 사이에서도 의견이 갈리지. 성격 형성에는 타고난 '기질'과 부모의 사고방식 같은 '환경'이 반반 정도 영향을 미친다고 보고 있어. 그러니까 성격을 바꾸고 싶은 사람은 먼저 자신의 성격을 객관적으로 알아야 해. 그러고 나서 환경을 바꾸거나 새로운 사고방식을 접해 보는 게 좋아.

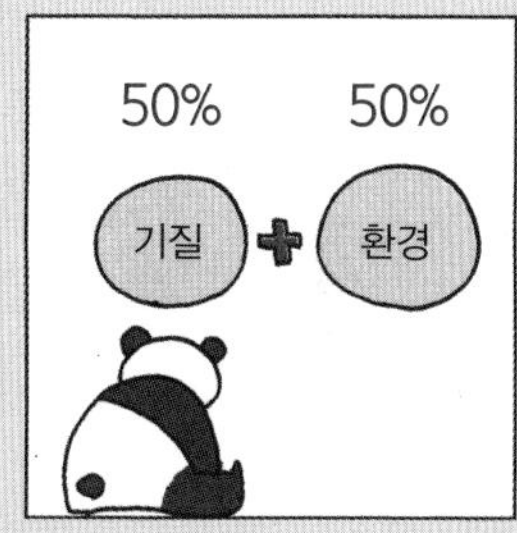


성격이 바뀌면 행동이 바뀌는 게 아니라, 행동이 바뀌면 무의식적으로 성격이 바뀌게 되거든. 행동이 바뀌면 주위의 평가가 바뀌잖아. 그러면 그게 행동을 바꾸고 성격을 바꾸는 거거든. 그러니까 성격을 바꾸고 싶으면 먼저 행동을 바꿔 봐.

**관련 효과** → 성격(p.70)

# 정체성

정체성(Identity)이란 자기동일성(자아동일성) 즉 존재의 본질, 자기다움을 뜻한다. 타인과 구별되는 개념이나 사고방식을 가리키는 정체성은 미국 정신분석가 에릭슨(Erikson)이 생각해낸 개념이다.

청년기에는 '난 어떤 존재인가', '무슨 일을 해야 하는가', '다른 사람과 어떻게 지내야 하는가' 등의 질문을 통해 자신이 어떤 존재인지 알아간다. 그런데 최근 정체성을 확립하지 않은 채 어른이 되는 사람이 늘고 있다. 청년기에 '진정한 나다움'의 감각을 확립하는 것이 중요하다.

**관련 효과** → 성격(p.70) → 인격과 기질(p.72) → 피터팬 신드롬(p.200) → 신데렐라 콤플렉스(p.199)

# 조하리의 창

A

| | | 자신이 | |
|---|---|---|---|
| | | 알고 있다 | 모른다 |
| 타인이 | 알고 있다 | 개방적인 부분 | 맹점 부분 |
| | 모른다 | 숨기고 있는 부분 | 미지의 부분 |

B

| | 자신 | |
|---|---|---|
| 타인 | 개방적 → ↓ | 맹점 |
| | 숨기고 있다 | 미지 |

B의 그림처럼
타인에게 숨기고 있는 자신을 드러내
개방적인 부분이 커지면 미지의 부분이
작아진다.

스스로 자기 성격이라고 생각하는 부분은 성격 전체에서 극히 일부분에 지나지 않는다. 자신에게는 자기가 모르는(표층의식으로는 인식할 수 없는) 부분이 숨어 있다. 자신을 공개(개방)하면 미지의 부분이 작아져, 상대와 소통하는 데 도움이 될 수 있다. 이것이 바로 미국의 심리학자인 조셉 루프트(Joseph Luft)와 해리 잉햄(Harry Ingham)이 고안한 조하리의 창(Johari's Windows)이라는 이론이다.

조하리의 창은 자기 정보를 4가지로 나눠 생각하는 것을 말한다. 스스로 자신을 볼 때 알고 있는 부분과 모르는 부분이 있다. 또한 남이 자신을 봤을 때 알고 있는 부분과 모르는 부분이 있다. 이것들이 조합되어 A의 그림처럼 4가지 부분이 형성된다.

자신도 몰랐던 부분을 타인이 지적해 주거나 자신이 감추고 있는 부분을 스스로 공개하면 개방적인 부분이 넓어진다. 그 결과, B의 그림처럼 자신도 타인도 모르는 미지의 부분이 작아진다.

**관련 효과** → 현재의식(p.68) → 잠재의식(p.69) → 성격(p.70) → 인격과 기질(p.72)

# 투영법

지금까지 기본적인 성격에 대해 다루었다. 그렇다면 나는 어떤 성격일까?
성격을 알 수 있는 성격 테스트에는 여러 가지가 있지만 여기서는 간단하지만 깊이 있는 유형을 소개한다. '나는'으로 시작되는 문장 20개를 만들어 보자. 깊이 생각하지 말고 퍼뜩 떠오른 것을 열거하면 된다.

자기발견 테스트

1. 나는……
2. 나는……
3. 나는……
4. 나는……
5. 나는……
6. 나는……
7. 나는……
8. 나는……
9. 나는……
10. 나는……

:

:

:

19. 나는……
20. 나는……

제한 시간은 5분

이것은 'Who am I?', 'WAI기법', '20문답법'이라고도 하는 '투영법'의 일종이다. 모호한 자극에 대해 떠오른 것을 참가자에게 대답하게 하는 방식이다.

제한 시간 내에 몇 문장을 완성할 수 있었는가? 처음 몇 문장을 적는 데는 문제가 없었을 것이다. 그런데 도중에 문장을 이어 나가기가 어렵지 않았는가?

일반적으로 처음에는 '나는 회사원이다', '나는 ○○에 살고 있다' 등 자신의 소속, 성별, 연령이나 '나는 청소하기를 좋아한다' 등 취미나 표층적 성격을 적는다.

그런데 이런 내용을 다 쓰고 나면 '나는 해외여행을 가고 싶다', '나는 ○○를 하고 싶다' 등 의식화된 욕구나 바람을 표현한다. 그리고 좀 더 생각하면 무의식적 욕구나 억압된 고민 등이 나오기도 하지만 쉽사리 종이에 적기 힘들다.

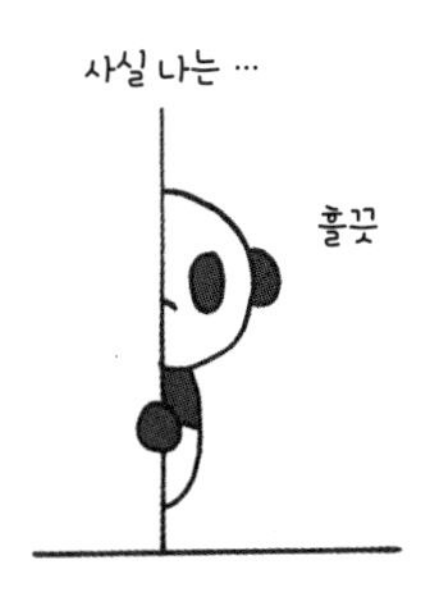


처음에는 '누구나 알고 있는 자신'이 나오고, 그다음에는 '비교적 상층부의 의식 아래에 있는 욕구나 바람'과 '의식하지 못한 욕구나 고민' 등이 나온다. 마지막으로 갈수록 평소에 자신이 의식하지 못한, 마음속에 잠재되어 있던 것이 드러나기도 한다.

자신에 대해 알 수 있는 하나의 계기를 만들어 주는 이 테스트를 가족이나 친구에게도 권해 보면 어떨까.

**관련 효과** → 성격(p.70) → 잠재의식(p.69) → 현재의식(p.68)

# 크레치머의 성격유형론

타입별로 성격을 분류한 것으로는 크레치머의 성격유형론이 있다. 독일 정신과 의사 에른스트 크레치머(Ernst Kretschmer)는 임상 경험을 바탕으로 '체형과 성격의 관계'를 세 유형으로 나누었다.

쇠약형(세장형)인 사람에게 많은 것은 분열기질이다. 비사교적이며 조용하고 소극적인 타입으로 신경질적인 성향이 있다. 쉽게 상처를 받는 과민성과 주위에 무관심한 둔감성이 혼재한다. 무엇을 생각하는지 잘 모르겠다는 말도 자주 듣는다. 주위에 무관심하거나 민감한 반응을 보이는 것도 인간관계를 싫어하는 성격으로 볼 수 있다.

| 쇠약형인 사람<br>분열기질 | ·성실하다<br>·인간관계가 서툴다<br>·신경질적이다 |
|---|---|

투사형(근육형)인 사람에게 많은 것은 점착기질이다. 고지식하며 집착이 강한 고집스런 성격이다. 지나치게 성실해서 융통성이 없고, 겸손하지만 물건에 집착하는 등 도가 지나친 행동을 보이기도 한다. 평소에는 예의 바른데 이따금 폭발해 주위를 놀라게 하는 타입이기도 하다.

- 집착이 강하다
- 고집스럽다
- 이따금 폭발한다

근육형인 사람
점착기질

비만형인 사람에게 많이 보이는 것은 순환기질(조울 기질)이다. 기본 성격은 사교적이고 친절하며 따뜻하다. 그리고 밝고 활발한 외향적 성질과 조용하고 음울한 기질이 혼재한다. 조용하게 있다가 갑자기 화를 내기도 하는 등 불안정한 타입이라 할 수 있다.

비만형인 사람
순환기질

- 친절하다
- 활달함과 조용함이 혼재한다
- 불안정하다

**관련 효과** → 성격(p.70) → 잠재의식(p.69) → 현재의식(p.68)

# 자존감

大
남성효과

누구나 자신은 가치가 있고 남에게 뒤떨어지지 않는다고 생각한다. 이런 감정을 자존감(Self-esteem)이라 한다. 자존감이 높은 사람은 자신이 가치가 있는 존재라는 것을 알고 있기 때문에, 남의 평가에 좌우되지 않고 타인에게 무슨 말을 들어도 관대하게 대처할 수 있다. 반대로 자존감이 낮은 사람, 예컨대 자랑만 하는 사람은 가치 있는 존재라고 누군가 말해주지 않으면 자신을 인정하지 못한다.

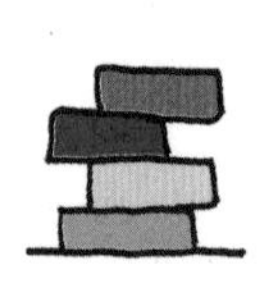

자존감이 높으면

자존감이 낮으면

자존감이 높은 사람은 난처한 일에 처했을 때도 노력으로 극복하려 하지만, 자존감이 낮은 사람은 쉽게 포기한다. 자존감을 자존심(pride)과 같은 뜻으로 사용하기도 하는데, 자존감과 자존심은 약간 다르다. 자존심은 타인과 비교함으로써 생기는 감정인 반면, 자존감은 타인에게 상처받지 않는 강한 감정이다.

**조사**

일본과 미국, 중국 고등학생을 대상으로 다음과 같은 의식 조사를 했다. '자신이 다른 사람에게 떨어지지 않는 가치 있는 사람'이라고 생각하느냐는 질문에 대해, '그렇다', '그런 편이다'라고 답한 비율이 미국 고등학생은 약 89%, 중국 고등학생은 96%인 데 반해 일본 고등학생은 38%에 그쳤다.

일본인 특유의 겸손함이 반영된 결과로 보이지만, 세계에서 통용되는 인재로 키우기 위해서는 교육현장에서 자존감과 자기 긍정감을 더 높여야 하지 않을까 생각된다.

**판다 선생님이 알려 주는 심리 활용법**

자존감을 높이는 방법이 있지. 먼저 자신의 부정적인 부분이나 약점을 있는 그대로 받아들이고 긍정적으로 매사에 임하는 게 중요해. 그리고 타인의 평가에 흔들리지 않고 자신의 가능성을 믿어야 해. 목표를 세우고 달성했을 때 자신을 칭찬하다 보면 자존감을 높일 수 있어. 이때 중요한 게 있지. 대단한 목표가 아니라 작은 목표를 많이 세우는 거야. 그리고 사람은 뭔가를 할 수 있어서가 아니라 그 자체로 가치가 있다는 걸 알아야 해. 노력한 자신에게 '고마워'라는 한마디를 해보는 일부터 시작해보면 어떨까.

**관련 효과** → 성격(p.70) → 셀프 핸디캐핑(p.93)

# 방어기제

사람은 자아가 위협받는 상황에 처하면 자기 자신을 지키려고 하는 무의식적인 심리가 있다. 불안한 감정을 누그러뜨리거나 상황을 다르게 해석하거나 생각을 바꾸는 등 안정된 상태를 유지하려고 한다. 이런 심리나 행위를 가리켜 방어기제(Defence Mechanism)라고 한다. 방어기제에는 건전한 것, 불건전한 것 등 여러 종류가 있다.

◎ 억압(repression) **심리효과(大) 개인차(中)**

자신에게 험담을 하는 현장을 목격하고도 못 들은 척하고 나쁜 짓을 하는 현장을 보고도 못 본 척하는 등, 마음 밑바닥에 있는 고통스러운 생각이나 감정을 무의식의 영역에 묻어 버리는 행위다. 표층의식으로 생각하면 괴롭기 때문에 심층으로 보내 버리는 방어 방법이다. 억압은 대표적인 방어기제의 하나로 마음을 지키는 중요한 기능이기도 해서 그저 나쁘다고만 할 수는 없다.

◎ 합리화(rationalization) **심리효과(大) 개인차(大)**

죄책감이나 불안에서 벗어나기 위해 그럴듯한 이유를 들어 자신을 정당화하는 것을 합리화라고 한다. 프레젠테이션에 실패해 경쟁사에 일을 빼앗겼을 때, 힘든 일을 하지 않게 되어 오히려 다행이라고 생각하는 것이 바로 합리화다. 자기 탓에 일이 잘못되었다고 인정하면 자존심이 상하기 때문에 이유를 들어 자신을 이해시키려 한다.

자존감이 낮고 엘리트 의식이 강한 사람에게서 많이 볼 수 있다.

◎ 투사(projection) **심리효과(中) 개인차(大)**

'성격이 급하다'거나 '인색하다'고 상대의 결점을 지적하는 사람이 있다. 그런데 정작 이렇게 말하는 본인의 성격이 급하거나 인색한 경우가 있다. 이것을 투사(투영)라고 한다. 자신의 단점을 인정하고 싶지 않을 때, 그 단점이 타인에게 있는 것처럼 전가시킴으로써 자신을 방어하는 방법이다.

◎ 전치(displacement) **심리효과(中) 개인차(大)**

선배에게 혼이 난 후 그 분풀이를 후배에게 하거나 상사에 대한 불쾌한 감정을 부하에게 풀어 버리는 경우가 있다. 이처럼 자신의 기분을 발산하기 어렵거나 사회적으로 인정받지 못할 경우, 다른 대상으로 이동하여 불만을 해소하거나 만족을 얻으려는 행위를 전치라고 한다.

# 방어기제

## ◎ 부정(denial) 심리효과(中) 개인차(大)

가령 친구나 가족이 죽었을 때 너무나 큰 슬픔을 현재 의식으로 인정하지 않고 애초에 없었던 것처럼 부정하는 경우가 있다. 그로 인한 고통을 회피하고 편안한 상태를 유지하려는 방어기제를 부인이라고 한다. 억압이 불쾌한 감정을 무의식에 가둬 두는 것이라면, 부정은 그 일이 애초에 없었던 것처럼 취급하는 것이다.

그런 거 몰라

바위뛰기펭귄이 될 수 없다면 그런 펭귄은 애초에 없던 것으로 치자~

## ◎ 동일시(identification) 심리효과(中) 개인차(大) 여성효과(大)

바위뛰기펭귄이 돼 봤어요!

동경하는 연예인을 따라 하거나 경쟁 상대의 행위를 흉내 내는 등의 행동을 동일시라고 한다. 동경하는 대상이나 경쟁 상대와 비슷해짐으로써 자신의 욕구를 충족시키려 하는 방어기제다.

## ◎ 취소(undoing) 심리효과(中) 개인차(大) 여성효과(大)

상대를 비난한 후에 갑자기 비위를 맞추려고 할 때가 있다. 취소란 죄책감이 드는 행위를 한 다음 그 행위를 부정하려는 방어기제를 말한다. 불쾌한 일이나 나쁜 감정이 있을 경우, 그때의 감정을 지우기 위해 불쾌한 일이나 나쁜 일을 반복하기도 한다.

아까는 인기가 없다고 했는데 잘 생각해 보니까 조금은 있는 것 같아~

◎ 반동형성(reaction formation) **심리효과(中) 개인차(大)**

좋아하는 여자애를 괴롭히거나 좋아하는 것을 싫어한다고 말하는 행위를 반동형성이라고 한다. 진실을 들키지 않으려고 그와 정반대로 행동하는 것이다. 흔히 어린아이들이 하는 행위로 유치한 방어기제라 할 수 있다. 어른 중에도 소심한 사람의 경우 자신의 마음을 들키지 않으려고 화를 내기도 한다.

◎ 승화(sublimation) **심리효과(中) 개인차(大)**

좋아하는 사람이 있어도 사귈 수 없게 되면 공부나 운동에 열중한다. 또한 하고 싶은 일을 할 수 없게 되었을 때 봉사 같은 사회활동을 하기도 한다. 이처럼 욕구를 충족시키기 어려울 때 다른 일로써 이루려는 행위를 승화라고 한다. 전치와 비슷하지만 어려운 일에 도전하거나 사회적으로 인정받으려고 하는 등, 지금보다 한 단계 위로 승화하려는 건전한 방어기제다.

◎ 퇴행(regression) **심리효과(中) 개인차(大)**

현재 상황을 극복하기 어렵다고 느끼면 과거의 자신으로 돌아감으로써 평상심을 유지하려고 한다. 어린아이의 행동을 보이는 것으로도 알려져 있다.

◎ 격리(segregation) **심리효과(中) 개인차(大)**

현실에 일어난 고통스러운 생각이나 기억을 감정과 분리해 남의 일처럼 받아들이는 것을 말한다. 자신에게 일어난 일을 방관자처럼 이야기하기도 한다.

◎ 도피(escape) **심리효과(中) 개인차(大) 남성효과(大)**

'갑자기 아프다'는 등의 이유로 중요한 국면이나 난처한 상황을 모면하려는 행위를 말한다. 그 상황을 피해 심리적인 부담으로부터 자신을 지키려는 방어기제다.

**관련 효과** → 성격(p.70) → 현재의식(p.68) → 잠재의식(p.69) → 자존감(p.80)

# 플라시보 효과

약효 성분이 없는 가짜 약을 약이라며 투여했을 때, 환자의 상태가 좋아지는 것을 플라시보 효과(Placebo Effect)라고 한다. 확신이 실제로 몸에 영향을 미치는 효과로 특히 의료 현장에서 사용된다. 효과가 있다고 믿는 자기 암시나 투여자와의 신뢰 관계가 영향을 미치는 것으로 보고 있다.

가짜 약이 정신 상태에 영향을 주는 질환이나 수면, 신경성 복통 등에 효과를 보이는 경우가 있다. 값비싼 영양 음료를 효과가 있다고 믿고 마시면 정말로 힘이 나는 것은 바로 플라시보 효과 때문이다. 가짜 약 효과 또는 플라세보 효과라고도 한다.

**관련 효과** → 자기성취예언(p.91) → 라벨링 효과(p.95)

# 칼리굴라 효과

2 성격심리학

'출입 금지'라고 쓰여 있으면 더 들어가 보고 싶은 것이 사람의 마음이다. '보지 마'라고 하면 더 보고 싶어지기 마련이다. 사람은 금지된 것을 더 해보고 싶어 하는 심리가 있는데, 이것을 칼리굴라 효과(Caligula Effect)라고 한다. 미국 보스턴에서 영화 〈칼리굴라〉의 상영을 금지하자 오히려 영화에 대한 관심이 폭발적으로 높아졌다. 이후 이 영화 제목을 따서 금지된 것에 더욱 끌리는 심리적 현상을 가리켜 칼리굴라 효과라고 불렀다.

권력자가 가까이에서 명령하면 반발하지 못하지만…

사람은 권력자가 가까이에서 명령하면 복종하지만, 멀리 있는 권력자가 일방적으로 강요(금지)하면 그에 대한 반발로 자유를 찾으려는 심리가 발동한다. 영화의 경우 '대히트 중', '모든 사람이 보고 있다'고 광고하는 것보다 '방송 금지', '보지 마'라고 하는 쪽이 칼리굴라 효과가 더 높다.

**관련 효과** → 밀그램 효과(p.40) → 로미오와 줄리엣 효과(p.140)

# 바넘효과

성격 진단이나 운세(점술)에서 누구에게나 해당하는 일반적인 내용의 진단 결과가 나와도 '자신에게 딱 들어맞는다'고 생각하는 심리적 현상이 있다. 이를 바넘효과(Barnum Effect)라고 한다. 바넘효과는 심리효과 중에서도 강한 편이며 많은 사람에게 인정받고 있다. 발언자의 권위가 느껴지는 경우나, 내용이 긍정적이거나 추상적인 것 경우 바넘효과가 강하게 작용한다.

바넘효과는 교묘한 수법으로 사람의 성격을 알아맞히던 엔터테이너 바넘의 이름에서 유래했다. 이 효과와 관련된 실험을 실시한 미국의 심리학자 버트럼 포러(Bertram Forer)의 이름을 따서 포러효과(Forer Effect)라고도 한다.

## 실험

혈액형 성격 진단 실험에서 A형 성격에 대해 기술되어 있는 내용을 그대로 B형인 사람에게 보여 주었더니, 90%의 사람이 자신에게 맞다고 평가했다. 심리학자 포러는 별자리점에 기술되어 있는 문장 몇 가지를 조합해 학생에게 그의 성격을 분석한 결과라며 보여 주었다. 이를 본 대부분의 학생들은 이 분석 결과가 자신의 성격에 맞다고 평가했다.

'당신은 로맨틱한 면을 갖고 있다'와 같은 평가적인 것은 물론, '당신의 소원은 비현실적인 면이 있다'처럼 잘 생각해 보면 누구에게나 들어맞는 말임에도 대부분의 사람은 부정하지 않고 받아들인다.

### 판다 선생님이 알려 주는 심리 활용법

바넘효과는 점술사가 사용하는 테크닉의 하나야. 많은 사람에게 들어맞을 법한 말을 처음에 던지고선 "어떻게 알았죠?" 하며 그다음에는 무조건 믿어버리게 만들지. 바넘효과는 일이나 연애에서도 응용할 수 있어. 많은 사람이 좋아할 만한 긍정적인 말을 사전에 많이 준비한 뒤, 본론에 들어가기 전에 잡담을 하면서 그것을 넌지시 끼워 넣는 거야. 여러 번 일정 양을 받으면 사람은 '저 사람이 자신을 알아준다'고 믿게 되거든. 근데 이걸 악용하면 안 돼.

**관련 효과** → 메라비언의 법칙(p.98)

# 차이가르닉 효과

달성하지 못한 일이나 도중에 끝내 버린 일은 완전히 마무리한 일보다도 기억에 남는다. 이런 심리를 차이가르닉 효과(Zeigarnic Effect)라고 한다. 이 현상을 발견한 심리학자 블루마 차이가르닉(Blumar Zeigarnic)의 이름에서 유래한 효과다. 시간이 부족해 끝까지 읽지 못한 만화는 다 읽은 만화보다 더 기억에 남고, 미완성인 채 방치된 길에 왠지 흥미가 가는 것도 이 효과의 영향이다.

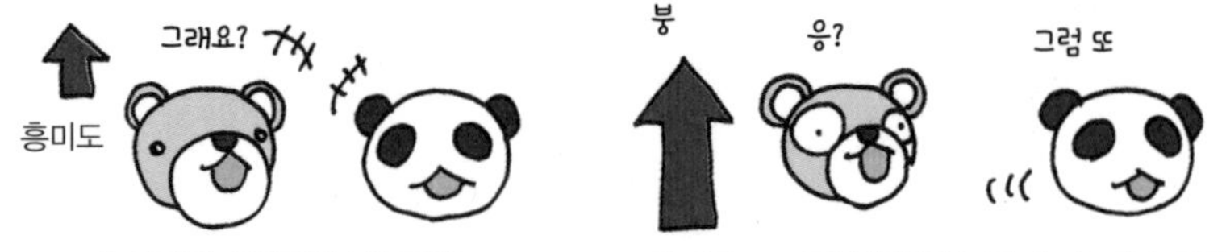


파티에서 만난 사람과 질리도록 끝까지 대화하는 것보다는 분위기가 무르익었을 때 살짝 자리를 뜨는 것이 효과적이다. 대화가 도중에 끝났기 때문에 상대는 당신을 강하게 기억할 것이다(자세한 내용은 120쪽의 피크엔드 법칙 참조).

**관련 효과** → 피크엔드 법칙(p.120)

# 자기성취예언

혈액형 성격 검사 결과가 맞다고 생각되면 그 내용에 자신을 억지로 맞추려는 경향이 있다. 이루고 싶은 바람이나 소원을 말하거나 써 두면, 현실에서도 그렇게 해야 하는 것처럼 차츰 그 모습에 가까워진다. 이런 경향을 자기성취예언(Self-fulfilling Prophecy)이라고 한다.

종이에 써 두거나

여러 사람 앞에서 선언한다.

종이에 바람을 써 두면 원하는 바를 이룰 수 있다든가, 남들 앞에서 목표를 선언하면 목표를 달성하기 쉽다고 말하는 것도 자기성취예언의 효과다. 자기암시의 일종으로 볼 수 있다. 뭔가 이루고 싶은 것이 있다면 선언을 하거나 성공한 이미지를 강하게 그리는 것이 중요하다.

**관련 효과** → 마인드 컨트롤(p.59) → 잠재의식(p.69) → 피그말리온 효과(p.44) → 공개선언 효과(p.96)

# 스테레오타입

**大** 심리효과

**中** 개인차

사람은 선입관이나 지레짐작, 많은 사람에게 침투해 있는 고정관념에 강한 영향을 받으며, 그 고정된 견해로 사물을 본다. 예컨대 영국인은 신사, 일본인은 근면하다는 이미지를 갖고 있는 식이다. 실제로 영국인이 대부분 신사라고는 할 수 없고 일본인 모두가 근면하지는 않다.

근면한 사람은 극히 일부인데도 　　　　모든 사람에게 그렇다는 편견이 있다.

이렇듯 판에 박힌 고정된 사고를 스테레오타입(Stereotype)이라고 한다. 스테레오타입이란 인쇄해서 되풀이 사용되는 스테레오판(연판)이 그 어원으로, 판으로 찍어낸 것처럼 동일 이미지를 갖는다는 뜻이다. 사람은 어떤 부류의 명칭으로 분류하기를 좋아하지만, 차별적인 의미를 지닌 스테레오타입을 만들지 않도록 주의해야 한다.

**관련 효과** → 후광효과(p.22) → 대표성(p.182)

# 셀프 핸디캐핑

시험 전이나 중요한 일을 앞두고 친구나 동료에게 '몸이 안 좋다'고 말하는 사람이 있다. 심리학에서는 이런 행위를 셀프 핸디캐핑(Self-handicapping, 구실 만들기)이라고 부른다. 실패했을 때를 대비해 미리 자신에게 핸디캡, 즉 불리한 조건을 달아두고, 결과가 좋지 않으면 핑곗거리로 삼는 자기방어법이다.

셀프 핸디캐핑을 사용하는 사람은 수면 부족이나 감기 기운이라는 말을 잘 사용한다. 특히 자존감이 낮은 사람에게서 많이 볼 수 있으며, 타인의 평가에 신경을 곤두세우고 있는 경우가 많다. 타인에게 책임을 뒤집어씌우려는 경향도 있으므로 이런 사람은 주의해야 한다.

**관련 효과** → 자존감(p.80) → 방어기제(p.82)

# 허니문 효과

中
심리효과

새로운 학년이 되거나 사회인으로서 첫 출근을 하거나 인사 이동 등으로 환경이 바뀌면 일시적으로 활력이 넘친다. 이런 심리효과를 허니문 효과(Honeymoon Effect)라고 한다. 사랑하는 사람과 결혼해 가장 행복한 기분에 빠져 있는 신혼여행 기간과 같은 상태를 뜻한다.

프로스포츠에서는
감독이 바뀌었을 때가 허니문 상태

다만 그 효과가 6개월 정도라고 한다.

이미 자신에 대한 평가가 굳어진 환경에서 그 평가를 바꾸려면 대단한 노력이 필요하다. 반면 새로운 환경에서는 새로운 기분으로 시작할 수 있어 좋다. 자신에 대한 평가가 제로인 상태에서 좋은 평가를 얻는 것은 그리 어려운 일이 아니기 때문에, 새로운 곳에서는 의욕이 넘친다.

**관련 효과** → 쿨리지 효과(p.145)

# 라벨링 효과

"너 노력가구나.", "넌 언제나 상냥하구나."라는 식으로 'ㅇㅇ 타입'이라는 꼬리표가 붙으면 실제 자기 모습과는 다르다고 느끼면서도 진짜 그렇게 되려는 심리가 있다. 마치 상대에게 라벨을 붙이는 듯한 행위라는 뜻에서 라벨링 효과(Labeling Effect)라고 한다.

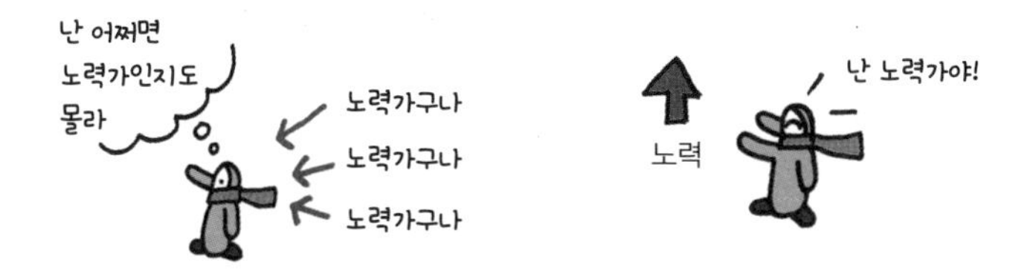


예를 들어 여러 번 노력가라는 말을 들으면 일종의 자기암시 상태가 되어, 잠재의식에서 '자신은 노력가'라는 기억이 새겨지게 된다. 그러면 점점 그에 합당한 자아를 형성하고 그에 어울리는 행위를 하려는 마음이 생긴다. 상대에게 나쁜 꼬리표를 붙이면 더 나빠지므로 긍정적인 꼬리표를 붙이는 것이 좋다.

**관련 효과** → 자기성취예언(p.91) → 잠재의식(p.69) → 마인드 컨트롤(p.59) → 역할효과(p.60)
→ 스테레오타입(p.92)

# 공개선언 효과

공부든 체중 감량이든 꾸준히 지속하는 것이 어렵다. 그런데 꾸준히 실천할 수 있는 좋은 방법이 있다. 바로 많은 사람 앞에서 선언하는 것이다. 이것을 공개선언 효과(Public Commitment Effect)라고 한다. 많은 사람 앞에서 공개적으로 선언하고 나면 쉽게 그만두지 못하는 심리가 작용한다. 공개선언 효과는 주목을 받고 있다고 생각하면 효율이 오르는 호손효과의 메커니즘과 비슷하다.

목표를 세웠으면 공개선언을 해 보자. 자신에게 상을 주는 것도 효과적이다.

꾸준히 실천하기 위해서는 목표를 세우는 일도 중요하지만, 어디까지 할 것인지를 구체적으로 정하는 동시에 공개선언을 하는 것이 좋다. 목표를 달성한 후에는 자신에게 선물을 한다. 이것을 포상효과라고 하는데, 보상을 받을 수 있다고 생각하면 꾸준히 실천하기 쉽다.

**관련 효과** → 호손효과(p.30) → 자기성취예언(p.91)

# 제 3 장

# 인지심리학

## 오감과 심리의 뗄 수 없는 관계

사람은 정보의 80% 이상을 시각 정보에 의존한다. 하지만 시각은 의외로 정확하지 않을 때가 많다. 청각은 정보로서는 시각 정보보다 떨어지지만 듣고 싶은 소리만 들을 수 있는 등 우수한 기능이 있다. 3장에서는 지각이나 기억, 사고처럼 사람의 인지에 관여하는 심리효과를 살펴본다.

# 메라비언의 법칙

메시지를 보낸 사람이 모순된 정보(예컨대 호의로도 반발로도 받아들일 수 있는 정보)를 주었을 때, 시각 정보가 우선된다고 하는 법칙이다. 예컨대 선물을 받은 사람이 '기쁘다'는 언어 정보를 보냈다고 해도, 시각 정보인 몸짓이나 태도가 기쁜 것 같지 않으면 선물을 준 사람은 시각 정보를 우선해 '사실은 기쁘지 않구나'라고 받아들이는 경향이 있다.

이런 경향을 메라비언의 법칙(Law of Mehrabian)이라고 한다. 어디까지나 모순된 정보를 보낸 경우의 해석인데, '시각 정보가 우선된다'는 결과로 인해 '사람은 보는 것으로 판단한다'고 과대 해석되고 있다.

**연구**

미국 심리학자 앨버트 메라비언(Albert Mehrabian)은 모순된 메시지를 받았을 때 사람은 언어, 청각, 시각 중 무엇을 중시하는지 연구했다. 그 결과 말하는 모습 55%, 말하는 방법이 38% 그리고 말하는 내용이 7%의 영향을 주는 것으로 나타났다. 이 법칙을 메라비언의 법칙이라고 부른다. 메라비언의 법칙은 언어 정보(Verbal), 청각 정보(Vocal), 시각 정보(Visual)의 머리글자를 따서 3V의 법칙 혹은 7-38-55 법칙이라고도 한다.

**판다 선생님이 알려 주는 심리 활용법**

메라비언의 법칙은 모순된 경우의 정보 이야기야. 그러니까 반대로 모순되지 않은 정보를 보내면 자신의 뜻을 상대에게 강하게 전달할 수 있어. 말하는 모습(시각 정보), 말하는 방법(청각 정보), 말하는 내용(언어 정보)을 일치시켜야 해. 부탁이 있을 때는 손짓발짓 다하고, 반성할 때는 반성하는 태도를 보이는 게 중요하잖아. 평소에 이 정보가 일치하지 않는 사람은 신뢰받지 못하는 반면, 반대로 일치하면 신뢰도가 높아지는 거야. 선물을 할 때나 상담, 연애를 할 때도 이 원칙을 이용할 수 있어. 이 세 가지가 일치해야 신뢰를 얻을 수 있단다.

**관련 효과** → 후광효과(p.22) → 바넘효과(p.88)

# 암순응

밝은 곳에 있다가 영화관 같은 어두운 곳에 들어가면 어두워서 아무것도 보이지 않는다. 처음에는 아무것도 보이지 않지만 차츰 실내가 밝아 보인다. 어둠에 눈이 적응하는 이 현상을 암순응(Dark Adaptation)이라고 한다. 이것은 망막 내에 있는 로돕신이라는 단백질의 기능과 관계있다(생물학적인 이야기지만 인지심리학의 기초 지식으로 소개한다).

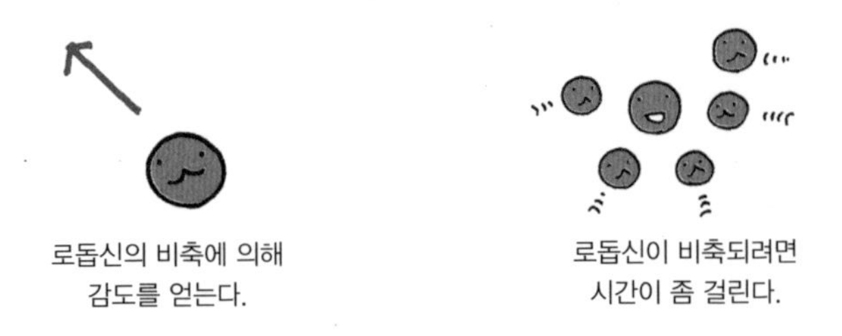

로돕신의 비축에 의해 감도를 얻는다.

로돕신이 비축되려면 시간이 좀 걸린다.

밝기는 눈에 있는 간상세포로 감지하는데, 간상세포는 로돕신의 비축에 의해 감도를 얻는다. 로돕신이 비축되기까지는 일정 시간이 걸리기 때문에 어두운 곳에서 눈이 적응하려면 시간이 좀 필요하다.

**관련 효과** → 명순응(p.101)

# 명순응

어두운 곳에 있다가 갑자기 밝은 곳으로 나오면 눈이 부셔 자신도 모르게 눈을 가늘게 뜨게 된다. 그런데 잠시 있으면 눈이 적응해서 앞이 보이게 된다. 이것을 명순응(Light Adaptation)이라고 한다. 어두운 곳에서 비축된 로돕신의 영향으로 밝은 곳에서는 감도가 너무 강해져서 나타나는 현상이다.

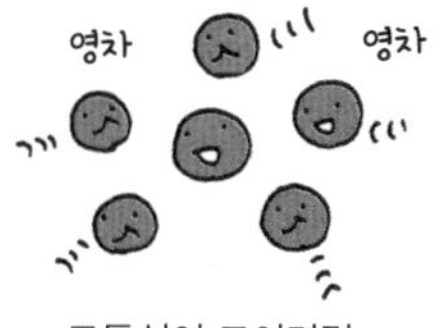


로돕신이 모이려면
시간이 걸린다.

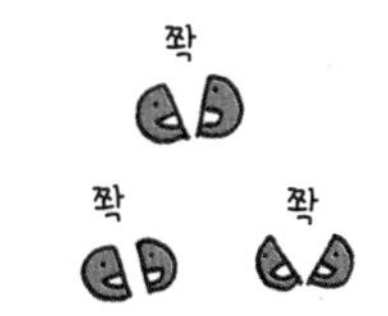


반면 로돕신은 빨리 분해될 수 있어서
밝기에는 빨리 대응한다.

로돕신은 빛을 받으면 분해되는 성질이 있다. 그래서 잠시 있으면 평상시처럼 볼 수가 있다. 로돕신은 비축되는 시간보다 분해되는 시간이 더 빠르다. 때문에 사람은 갑자기 어두운 곳에 들어갈 때보다도 갑자기 밝은 곳으로 나올 때 더 빨리 적응한다. 눈의 재미있는 기능이라 할 수 있다.

**관련 효과** → 암순응(p.100)

# 크기의 항상성

대상물과의 거리가 변화하면 보이는 크기가 달라진다. 사람은 시각을 자동으로 수정해서 크기를 측정하는 경향이 있다. 자동차나 사람 그림자 등이 영상 속에 있으면 이미 크기를 알기 때문에 그것을 기준으로 다른 것과 비교해서 추측한다. 이처럼 거리가 바뀌어도 사물의 크기가 일정하게 보이는 것을 크기의 항상성이라고 한다.

위의 그림은 판다 선생님의 일러스트다. 왼쪽 일러스트는 특별한 위화감이 없다. 그림에 그려진 판다의 크기를 그대로 오른쪽으로 옮겨 보면 크기가 이렇게나 달라진다. 크기의 항상성으로 인해 상이 뇌 속에서 확대되기 때문에 크기 차이에 어색함을 느끼지 않는 것이다.

**관련 효과** → 색의 항상성(p.103)

# 색의 항상성

항상성은 크기뿐 아니라 색에도 있다. 예컨대 사과는 실내의 형광등 아래서 볼 때와 저녁노을이 지는 밖에서 볼 때 색이 크게 다르다. 저녁노을이 지는 하늘 아래에 있는 사과는 석양빛에 물들어 보일 것이다.

자연스런 색의 사과로 보인다.

석양빛이 겹쳐도 뇌 속에서
자연스런 색으로 변환된다.

그런데 사람은 사과 색이 바뀐다는 것을 크게 인식하지 않고 원래 사과 색과 같이 느낀다. 이것을 색의 항상성(Color Constancy)이라고 한다. 석양의 영향으로 빛의 파장 성분이 크게 달라져도 뇌에서 색을 원래대로 수정하게 된다. 색의 항상성은 사람만이 아니라 곤충이나 원숭이에게도 나타난다.

관련 효과 → 크기의 항상성(p.102)

# 황금비

사람이 인식하기에 가장 균형적이고 이상적으로 보이는 비율이 있다. 파리의 개선문, 파르테논 신전 등 뛰어난 건축물이나 예술 작품에는 황금비(Golden Ratio)라는 비율이 존재한다. 황금비란 약 1:1.6의 비율로, 특히 세로와 가로가 황금비로 만들어진 사각형(황금 직사각형)은 주변에서 흔히 볼 수 있다. 명함이나 신용카드 등도 이 비율에 가깝다.

왜 황금비가 가장 이상적이며 아름다운 비율인지 과학적 근거는 찾지 못했지만, 미의 규범으로 여겨온 역사가 미의 기준을 만들었다고 할 수 있다(노출효과). 분명 많은 사람들이 황금비를 아름답다고 인정하던 시대는 있었다. 그러나 미에 대한 견해가 다양한 현대에는 이 비율이 반드시 아름답다고는 할 수 없다.

**관련 효과** → 백은비(p.105) → 노출효과(p.111)

# 백은비

황금비에 비해, 일본에서는 예로부터 전해지는 백은비(白銀比, Silver Ratio), 즉 약 1:1.4 속에 아름다움을 느끼는 일이 많다. 백은비는 건축이나 조각, 꽃꽂이 등에도 이용되며 은비율이라고도 한다. 호류지(法隆寺: 일본의 나라 현에 있는 고찰)의 오층탑과 시텐노지(四天王寺: 오사카 시텐노지에 있는 고찰)의 대지 모양 등이 대표적이다.

일본인이 백은비를 좋아하는 것은 주변에 백은비가 많은 것도 그 이유 중 하나다. 예컨대 A3, B4 등의 가로세로비가 백은비다. A판은 독일의 규격이고 B판은 일본의 독자적인 규격으로 에도(江戶) 시대의 공용지 '미농지(트레싱지)'에서 유래했다. 또한 하이쿠(일본 고유의 단시형. 5·7·5의 17음(音) 형식으로 이루어짐)도 백은비로 되어 있다.

**관련 효과** → 황금비(p.104) → 노출효과(p.111)

# 서브리미널 효과

알 수 없음
심리효과

알 수 없음
개인차

영상의 장면과 장면 사이에 지각하기 어려울 정도의 짧은 영상을 넣어 인간의 잠재의식에 영향을 가미하는 것을 서브리미널 효과(Subliminal Effect)라고 한다. 미국에서 영화 상영 사이사이에 콜라와 팝콘을 권하는 영상을 넣었더니 구입하는 사람이 늘었다는 실험 결과를 발표해 주목을 받았다. 윤리 문제가 지적되면서 많은 나라에서 서브리미널 효과를 활용한 영상 표현을 법적으로 금지하고 있다.

결과는 거짓으로 탄로 났다.

- 한 실험에서는 서브리미널 광고 효과가 있었다는 결과도 있다.
- 영화관에서 실시한 또 다른 실험에서는 효과가 없는 것으로 나타나기도 했다.

그 후 영화관 실험은 결과를 조작한 것이라고 발표되었고, 다른 나라에서 실시한 실험에서는 효과가 없는 것으로 나타났다. 하지만 제품을 알고 있고 호감을 갖고 있는 경우 서브리미널 효과가 있었다는 또 다른 실험 결과도 있다. 이 효과는 조건이 갖춰져 있으면 발현하는 것으로 생각할 수 있으나 자세한 것은 아직 밝혀지지 않은 상태다.

**관련 효과** → 잠재의식(p.69) → 크레쇼프 효과(p.108) → 프라이밍 효과(p.109)

# 샤르팡티에 효과

아령 5kg과 솜뭉치 5kg은 무게가 같지만 들어 보면 솜뭉치가 가볍게 느껴진다. 이런 경향을 샤르팡티에 효과(Charpentier Effect) 혹은 코제레프의 착각(Charpentier-Koseleff Illusion)이라고 한다. 시각적으로 보이는 크기에 영향을 받아 같은 무게를 가진 물체 중 크기가 더 작은 쪽이 무겁게 느껴지는 지각 현상이다.

사람은 고정관념이나 이미지의 영향을 받기 쉽고, 그 이미지는 무게라는 개념에도 작용한다. 비슷한 효과로, 색상에 따라 무게가 다른 것처럼 느껴지는 색의 중량감이 있다.

**관련 효과** → 색의 중량감(p.193)

# 크레쇼프 효과

영화 속에 비친 영상은 앞의 영상의 영향을 받아 의미를 갖는다. 예컨대 무표정한 남자 얼굴을 '수프 영상 후', '관 속에 들어 있는 죽은 사람의 영상 후', '소파에 드러누운 여성의 영상 후'에 넣는다. 이때 남성이 모두 무표정한 얼굴을 하고 있어도 각각 '배고픔', '애도', '욕망'의 감정을 품고 있는 듯한 인상을 풍긴다.

구소련의 영화감독이 실험으로 증명한 이 효과를 크레쇼프 효과(Koulechove Effect) 또는 몽타주 효과라고 한다. 서로 관계없는 것도 사람은 무의식적으로 관련을 지어 이해하려는 경향이 있다.

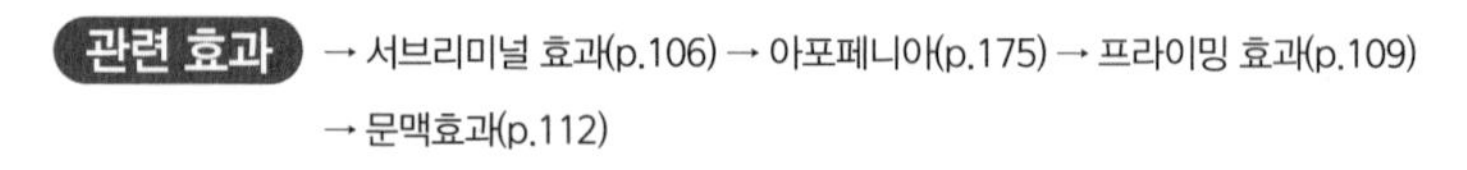
관련 효과 → 서브리미널 효과(p.106) → 아포페니아(p.175) → 프라이밍 효과(p.109)
→ 문맥효과(p.112)

# 프라이밍 효과

딸기, 체리, 사과 사진을 보여주고 어떤 채소가 생각나냐고 물으면 '토마토' 같은 붉은색과 연관된 것을 대답하기 쉽다. 사전에 보고 들은 영향을 받은 것이 잘 떠오르고 기억하기 쉬운 것을 프라이밍 효과(Priming Effect)라고 한다.

관련지어 연상한다.

프라이밍 효과는 유도하는 수법으로 이용되기도 한다. 의도적으로 끌어내고 싶은 내용을 사전의 잡담에 끼워 넣는 것이다. 또한 설문 조사에 이용되기도 한다. 솔직하게 대답할 생각이었다 해도 작성자의 의도에 따라 대답이 유도될 수도 있다.

**관련 효과** → 서브리미널 효과(p.106) → 아포페니아(p.175) → 크레쇼프 효과(p.108)

# 프레그난츠 법칙

1976년 화성 탐사기 바이킹 1호가 촬영한 화성의 표면에는 사람 얼굴 모양을 한 기묘한 바위가 있었다. 이것을 본 많은 사람들은 화성인이 만든 것이 아닐까 추측하기도 했다. 그 후 해상도가 높은 화상을 보고서야 바위가 자연물임을 알게 되었다.

얼굴로 보이는 바위도

실제로는 그림자의 영향으로 얼굴로 보일 뿐

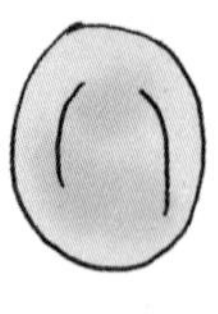

아니?

사람은 모호한 이미지가 있으면 복잡한 것보다는 단순하게 정리된 것으로 이해하려고 한다. 이런 경향을 프레그난츠 법칙(Law of Prägnanz) 혹은 단순화의 법칙이라고 한다. 뇌에는 사람 얼굴만을 인지하는 부분이 있어 얼굴에 민감하게 반응한다. 눈, 코, 입을 연상하는 것이 있으면 얼굴로 이해하려고 한다. 프레그난츠 법칙과 비슷한 것으로 파레이돌리아(Pareidolia)라는 심리 현상이 있다. 모호하고 연관성이 없는 현상 속에서 일정한 패턴을 추출해 적용시키는 것을 말한다. 위의 사례는 바위가 얼굴로 보인 것이다.

**관련 효과** → 아포페니아(p.175)

# 노출효과

좋아하지도 싫어하지도 않는데 계속 보다 보면 그 대상의 호감도가 올라가는 심리효과다. 광고 상품을 그냥 지나치지 못하거나, 출연하는 배우의 호감도가 올라가는 것은 노출효과(Exposure Effect)의 영향이라 할 수 있다. 사람, 디자인, 노래나 언어 같은 것도 이에 해당한다. 다만 싫어하는 것은 계속 봐도 호감도가 올라가지 않고 반대로 혐오감이 생길 수 있다.

계속해서 보면…

본 것을 좋아하게 된다

노출효과는 사진이나 이름을 통해 가장 강하게 나타난다. 연속해서 볼 필요 없이 시간을 두고 여러 번에 걸쳐 본다. 처음 10번이 가장 노출효과가 크다. 광고에서는 이 10회를 어떻게 효율적으로 보이게 할 것인지가 관건이다.

**관련 효과** → 자이언스 효과(p.134)

# 문맥효과

말이나 문자, 무늬는 그 전후 관계의 영향을 따라 인지하는 방식이 달라진다. 예를 들어 친구에게 '눈이 예쁘다'라는 말을 들었다면 보통은 그 눈이 '자신의 눈'을 말하고 있다고 생각할 것이다. 그런데 친구가 함박눈이 내리는 밖을 보며 말했다면 그 눈은 '하늘에서 내리는 눈'을 뜻한다고 생각할 것이다. 이처럼 상황에 따라 인지하는 의미가 달라지는 것을 문맥효과(Context Effect)라고 한다.

앞뒤가 숫자이면
'13'이라고 인식할 수 있다.

앞뒤가 알파벳이면
'B'라고 인식할 수 있다.

위의 그림을 보면 숫자 '13'인지 알파벳 'B'인지 알아보기 힘들다. 하지만 전후 정보를 얻으면 즉시 어느 쪽인지 인식할 수 있다.

오늘 아빠와 엄마와
함께 용인에 있는
동원물에 갔습니다.
그곳에 판다가
있었습니다.

**실험**

왼쪽 문장을 별 생각 없이 읽어 보기 바란다. 어린이가 쓴 그림일기이다. 아빠와 엄마와 함께 용인에 있는 동물원에 가서 판다를 봤다고 하는 일기지만, 잘 보면 동물원이 아니라 '동원물'이라고 되어 있다. 알아차린 사람도 있겠지만 많은 사람이 용인이라는 말에 이끌려 당연히 '동물원'으로 읽어 버렸을 것이다. 이것이 문맥효과다.

문맥효과는 심리효과 중에서도 효과가 강해서 이걸 잘 이용하면 좋겠지. 가게에서는 상품만 단순히 진열할 것이 아니라 그 상품이 보다 좋은 이미지를 갖도록 전후 관계를 붙이는 거야. 과일이라면 어디서 수확했고, 어떤 환경으로 재배했는지, 어떤 그릇에 담아 어떻게 먹으면 맛있게 보이는지를 제시하는 거지. 그러면 과일의 신선도, 품질, 브랜드가 더 좋게 받아들여지거든. 패션이나 기호품 등에도 응용할 수 있을 것 같지 않니?

**관련 효과** → 크레쇼프 효과(p.108)

# 부바키키 효과

위의 도형을 보면 곡선으로 된 둥글둥글한 도형과 직선으로 된 뾰족한 도형이 있다. 이 도형에 '부바'와 '키키'라는 이름이 붙어 있다면, 어느 쪽이 '부바'이고 어느 쪽이 '키키'일까? 이렇게 질문하면 98%의 사람이 둥글둥글한 도형을 부바(Bouba)라고 하고, 뾰족한 도형을 키키(Kiki)라고 말한다. 연령이나 성별, 언어(국적)가 달라도 대답은 거의 같다.

'부바'라고 발음했을 때,
그 입 모양과 비슷한 도형을 선택한다.

'키키'라고 발음했을 때,
그 입 모양과 비슷한 도형을 선택한다.

이와 같이 언어 소리와 도형의 시각 이미지 관계를 부바키키 효과(Bouba/Kiki Effect)라고 한다. 도형의 시각 이미지와 연상되는 이름, 소리 사이에 문화의 영향을 뛰어넘는 뭔가가 있다고 추측할 수 있다. '부바', '키키'라고 발음했을 때의 입 모양과 비슷한 도형을 시각적으로 고른다는 설도 있다.

# 베이비페이스 효과

둥근 얼굴, 커다란 눈, 짧은 턱, 작은 코 등, 동안인 사람은 보다 순수하고 정직할 것 같은 인상을 준다. 이런 경향을 베이비페이스 효과(Babyface Effect), 즉 동안 효과라고 하는데 모든 문화와 연령에서 볼 수 있다.

어린아이는 물론이고 동안인 성인이 하는 발언도 정직하고 진실하게 느껴진다. 그러나 전문성에 따른 신뢰도가 필요한 상황에서는 거꾸로 순진한 발언으로 받아들여지기도 한다.

**관련 효과** → 후광효과(p.22) → 베이비 스키마(p.196)

# 스트룹 효과

먼저 위의 두 사각형 색을 말해 보자. 검정과 빨강이라고 별다른 문제 없이 대답할 수 있을 것이다. 그럼 오른쪽 두 글자 색을 말해 보자. 의미가 아니고 색상 말이다. 물론 빨강과 검정이 답이다. 그런데 글자의 의미 때문에 대답 속도가 느려진다. 이것은 글자의 의미와 색상 정보가 서로 간섭하는 바람에 인지 반응이 느려져서 생기는 현상이다. 이런 현상을 스트룹 효과(Stroop Effect)라고 한다.

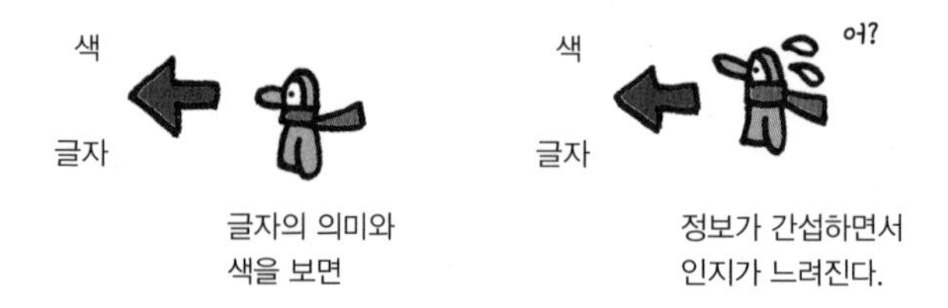


스트룹 효과는 단어를 읽는 속도가 색을 인지하는 속도보다도 빠르기 때문에 일어난다. 글자 색을 말하려고 해도 자신도 모르는 사이에 글자의 의미가 머리에 들어와 버린다.

# 맥거크 효과

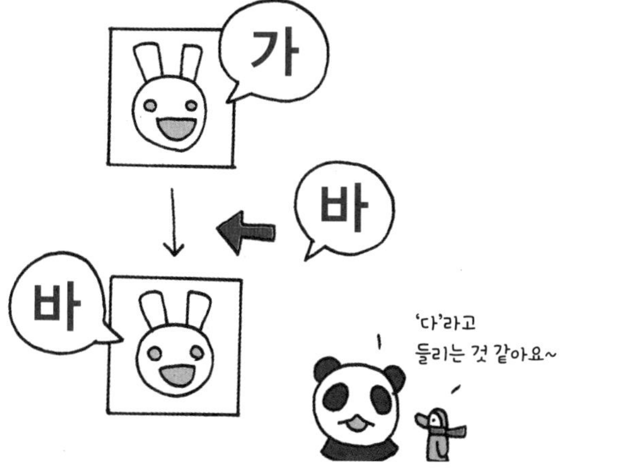

사람이 카메라 앞에서 '가'라고 발음한 영상에 '바'라는 음성을 녹음해 넣고, 그 영상을 재생하면 '다' 혹은 '가'라고 들린다. 음성은 '바'이니까 재생해도 '바'로 들려야 하는데, 눈에 보이는 것이 귀로 들리는 것을 바꾸어 버린다. 이 기이한 현상을 미국 심리학자 해리 맥거크(Harry McGurk)가 발견했다.

시각 정보가 청각 정보를 간섭하면…

시각 정보를 우선하는 현상이 일어난다.

이런 경향을 맥거크 효과(McGurk Effect)라고 한다. 귀와 눈으로 얻은 정보에 모순이 있을 경우, 시각 정보를 우선하기 때문에 일어나는 현상이다.

**관련 효과** → 메라비언의 법칙(p.98)

# 칵테일 파티 효과

파티나 행사에서 많은 사람이 모여 식사를 하거나 잡담하는 상황에서도 누군가 자신의 이름을 말하면 들을 수가 있다. 이렇게 자신이 관심 있는 이야기를 선택적으로 들을 수 있는 현상을 칵테일 파티 효과(Cocktail Party Effect)라고 한다. 칵테일 파티처럼 잡음이 많은 소란스런 상황에서도 특별한 말은 들을 수 있다는 데서 유래했다. 사람의 감각은 우수해서 잡음 속에서도 자신이 듣고 싶은 소리만을 들을 수가 있다.

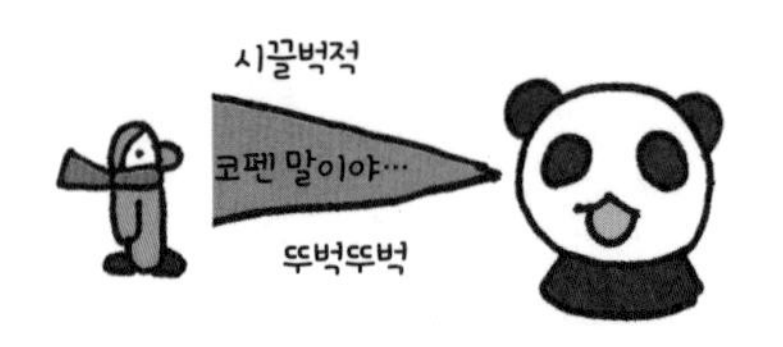


현장에서는 듣고 싶은 소리만 들린다.

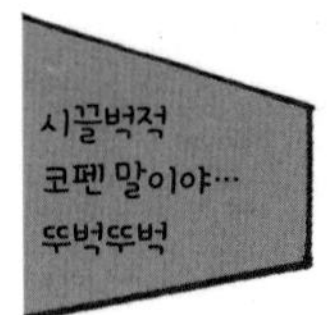

녹음해서 들어 보면 온갖 소리가 다 들린다.

실제로 그 기능을 확인하기 위해서는 파티를 녹음해 보면 알 수 있다. 재생해 보면 잡음이 심하며, 의자를 끄는 소리, 발소리, 웃는 소리 등 현장에 있을 때는 몰랐던 온갖 소리가 다 들린다. 그 자리에 참석했을 때는 필요한 소리만을 처리해 듣고 있었기 때문에 듣지 못했을 뿐이다.

**연구**

사람의 청각 능력은 대단해서 잡음이 심한 가운데서도 자신이 듣고 싶은 소리는 들을 수 있다. 그뿐만 아니라 자신이 관심이 있는 화젯거리가 등장하면 그 말이 갑자기 들린다. 양쪽 귀로 소리를 듣는 것도 이 기능이 가능한 이유다. 한쪽 귀만으로는 자신이 듣고 싶은 소리를 골라내기가 어렵다. 양쪽 귀에 도달하는 소리의 시간차를 이용해 불필요한 소리를 거르는 것을 선행음 효과(Precedence Effect)라고 한다.

귀의 기능을 사용해서 재미있게 활용할 수 있는 비법을 알려 주지. 미팅 룸에서는 보통 칸막이로 소리를 차단하려고 하는데, 이렇게 하면 오히려 소리가 그대로 새 나가는 거야. 옆 부스의 소리를 듣고 싶지 않다면 공기 조절기를 틀어 놓으면 좋아. 그러면 공기 조절기 소리에 묻혀 대화 소리가 안 들리거든. 이걸 마스킹 현상(Masking Phenomenon)이라고 하는데, 소리로 소리를 없애는 현상을 가리키는 말이야.

# 피크엔드 법칙

자동차를 타고 목적지를 향해 갈 때, 목적지에 도착하기 직전에 정체되는 경우와 도중에 정체되었지만 마지막에는 원활하게 도착하는 경우가 있다. 이때 전체적으로 걸린 시간은 같아도 목적지 직전에 정체되는 경우 불쾌한 인상이 남기 쉽다. 이런 경향을 피크엔드 법칙(Peak-end Rule)이라고 한다.

즐거운 상태에서 마치면
도중의 불쾌한 기억이 남지 않는다.

불쾌한 상태에서 마치면
도중의 즐거웠던 기억이 남지 않는다.

일부 심리학 서적에서는 초두효과의 반대가 피크엔드 법칙이라고 설명하는 경우가 있으나, 비교 대상이 조금 다르다. 초두효과는 처음에 본 인상이 계속된다는 기능인 반면, 피크엔드 법칙은 피크(peak) 때 어떤 감정이었으며 그 경험이 어떻게 끝났는가 하는 점이 인간에게 강한 인상을 남긴다는 심리효과다.

**실험**

미국 심리학자 대니얼 카너먼(Daniel Kahneman) 교수는 시간 간격을 두고 매우 차가운 냉수에 세 번 손을 담그는 실험을 했다. 첫 번째 실험에서는 한쪽 손을 60초 동안 냉수에 담갔다. 두 번째에는 다른 손을 60초 동안 냉수에 담근 상태에서 시간을 연장하고, 물의 온도를 좀 올렸다. 그리고 세 번째 실험을 하기 전에 참가자에게 첫 번째와 두 번째 중 어느 쪽을 다시 한 번 하겠느냐고 물었다. 그러자 두 번째의 긴 시간을 선택하는 사람이 많았다. 합리적으로 생각한다면 고통의 순간이 짧은 쪽을 선택할 것이다. 그런데 고통의 순간이 긴 두 번째 경험을 선택한 사람이 많았다. 마지막에 편했던 인상이 강하게 남았기 때문이다.

**판다 선생님이 알려 주는 심리 활용법**

피크엔드 법칙을 잘 활용하는 비법을 알려 줄까? 이야기 상대와손발이 척척 맞는 상황에서 언제쯤 이야기를 끊을까 고민되잖니. 보통은 충분히 대화를 나누고 더 이상 할 말이 없을 때 마치지. 하지만 가장 이야기가 무르익었을 때 마치는 것이 좋아. 경험으로 얻는 좋고 나쁜 인상은 그 시간의 길이가 아니라 감정의 피크와 그 경험의 끝부분에 초점이 맞춰지거든. 그러니까 대화가 한창일 때 마치면 상대는 좀 더 이야기하고 싶다는 갈망이 생기기 때문에 좋은 인상을 남길 수 있어.

**관련 효과** → 초두효과(p.6) → 친근효과(p.64)

# 슬리퍼 효과

인터넷에 떠도는 정보는 쉽게 믿음이 가지 않는다. 하지만 처음에는 그렇게 생각해도 시간이 지나면서 의심이 사라지고 얻은 정보를 아무렇지도 않게 사용하게 된다. 이런 경향을 슬리퍼 효과(Sleeper Effect) 혹은 수면자 효과라고 한다. 신뢰도가 낮은 정보원에게 얻은 정보라도 시간이지 나면서 의심하는 마음이 옅어진다. 그리고 기억에 남아 있는 정보를 사용하게 된다.

슬리퍼 효과는 정보를 얻은 정보원을 정보 내용보다 먼저 잊어버리기 때문에 일어나는 현상이다. 그리고 정보 내용에 임팩트가 없으면 효과는 크게 없다. '살이 빠진다', '돈을 벌 수 있다'와 같은 인터넷 광고가 처음에는 의심스러워도 시간이 지나면 마음에 남는 것은 이 때문이다.

# 주의의 초점화 효과

中 심리효과

大 개인차

대화 상대의 머리 모양이 이상하다는 생각이 들면 머리 모양에만 신경이 쓰여서 하는 말이 귀에 잘 들어오지 않는다. 뭔가 판단할 때, 특정 부분에 집중하다 다른 부분에는 주의가 미치지 못하는 것을 주의의 초점화 효과라고 한다.

초조한 나머지 보이스피싱이나
사기를 당할 수도 있다.

시간적인 여유가 없을 때
더욱 초조해진다.

보이스피싱 피해가 끊이지 않는 것은 가령 손주(어린이)에게 문제가 생겼다는 한 가지에만 몰두한 나머지, 상황이 이상하다고 냉정하게 판단하지 못하기 때문이다.

# 착시

시각적인 착각 현상을 착시라고 한다. 착시는 여러 가지 이유로 생기는데 그중에는 해명되지 않은 것도 있다.

【길이의 착시】

◎ 뮐러-라이어 착시

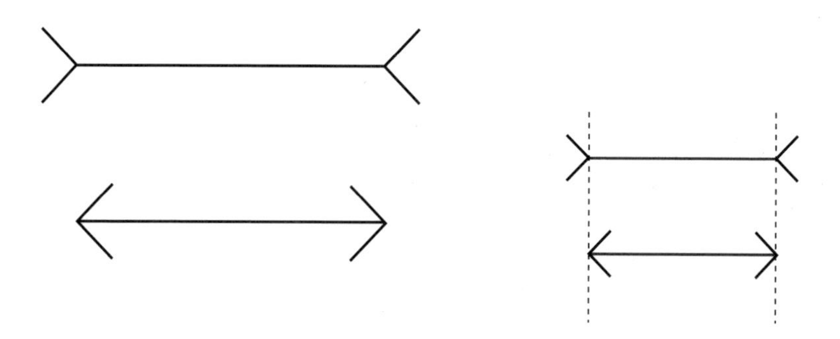

두 직선의 길이는 같은데 위쪽이 길어 보인다. 직선 끝에 다른 화살표가 붙었을 뿐인데도 길이가 다르게 보인다.

◎ 폰조 착시

삼각형 안에 같은 길이의 선을 수평으로 놓으면 위쪽에 있는 선이 더 길어 보인다. 이탈리아 심리학자 마리오 폰조(Mario Ponzo)가 보고한 착시 현상이다.

◎ 볼드빈 착시

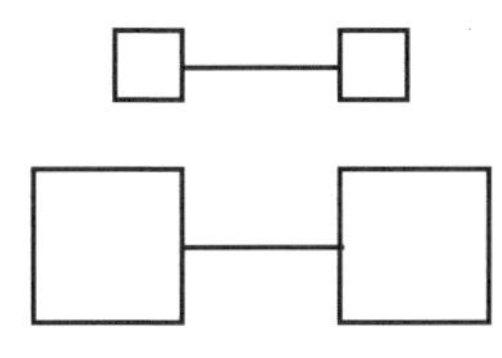

크기가 다른 사각형에 낀 직선은 같은 길이인데도 위쪽 선이 더 길어 보인다. 이것은 사각형이 만들어내는 안(세로) 길이를 느낌으로써 일어나는 착시 현상이다.

◎ 피크 착시

a와 b의 직사각형은 똑같은 크기지만 아래에 있는 b가 a보다 더 길게 느껴지는 착시다.

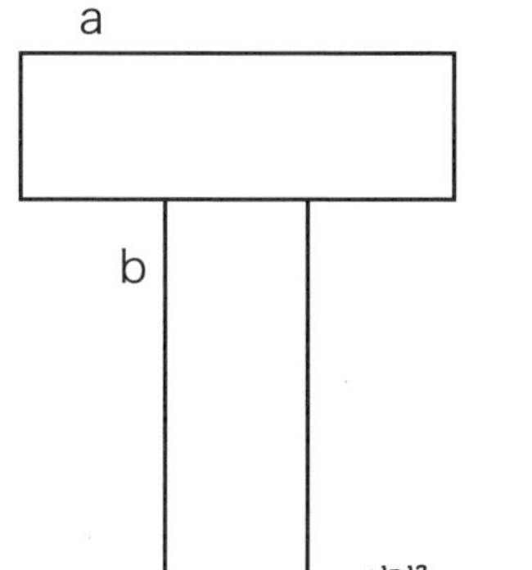


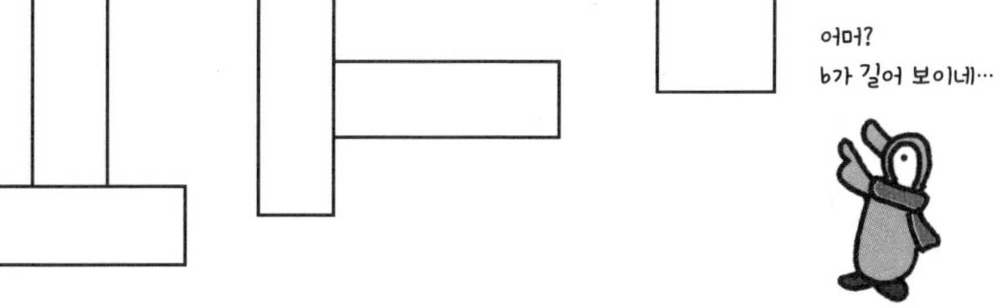

a와 b의 위치를 바꾸어도 b의 도형이 길게 느껴진다. 수직 방향의 직사각형이 길어 보이는 경향이 있다는 것은 알려졌지만, 이 도형은 옆으로 해도 b의 도형이 길어 보인다. 왜 그런지는 아직 밝혀지지 않았다.

【크기의 착시】

◎ 에빙하우스 착시

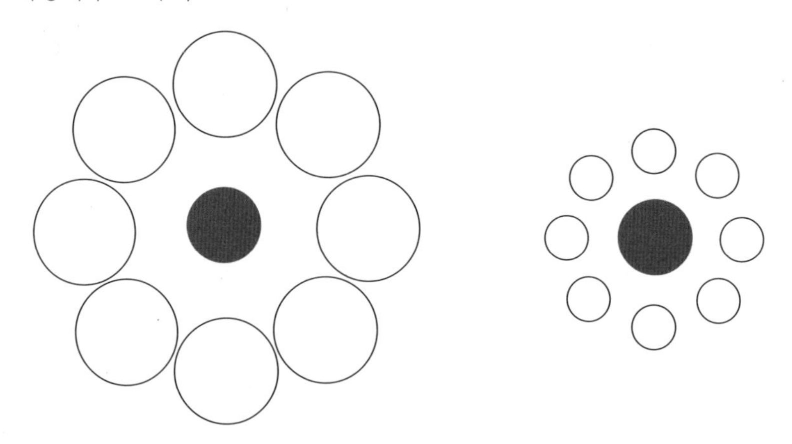

오른쪽과 왼쪽 도형의 중앙에 있는 원은 똑같은 크기인데도 오른쪽의 원이 더 크게 보인다. 이것은 주위에 있는 원과의 대비 효과에 의해, 크기 감각에 혼란이 일어났기 때문이다.

◎ 데루부후 착시

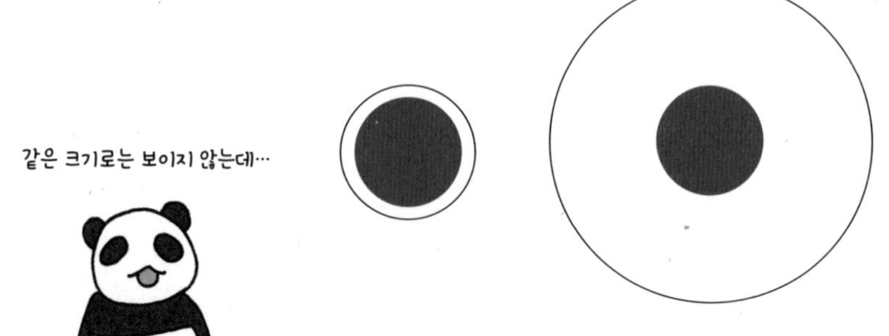


중앙의 원은 같은 크기지만, 주위의 동심원 크기가 영향을 받아 가운데 원의 크기가 달라 보인다.

【왜곡돼 보이는 직선】

◎ 쬘러 착시

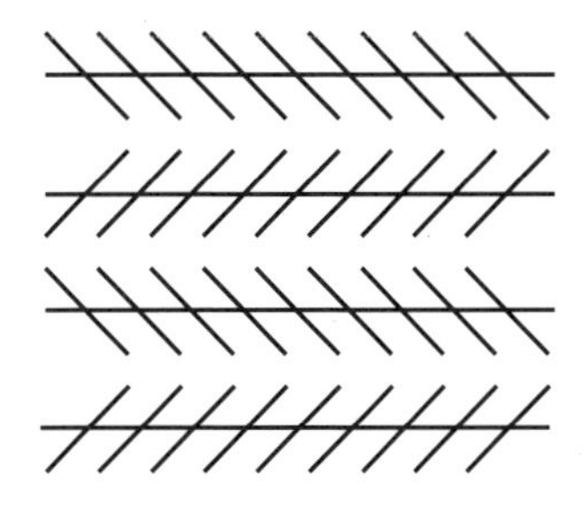

그림에 있는 4개의 선은 모두 평행이다. 그런데 사선의 영향을 받아 비뚤어져 보인다. 매우 유명한 착시의 하나로 독일 천문물리학자의 이름을 따서 '체루나 착시'라고도 부른다.

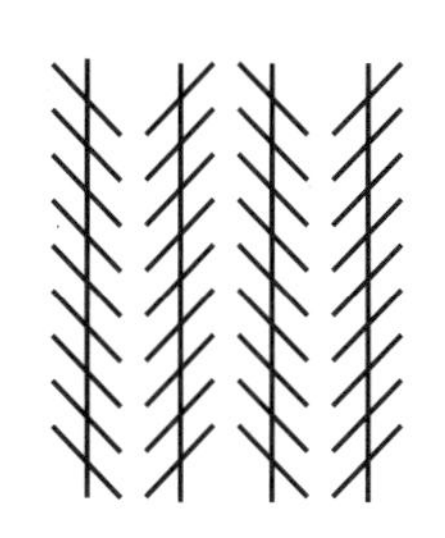

비뚤어져 보이는데…

◎ 브런즈윅 착시(헤후라 곡선 대비) 모양

교차하는 직선에 겹친 사선의 영향으로 선이 휘어 보이는 착시다.

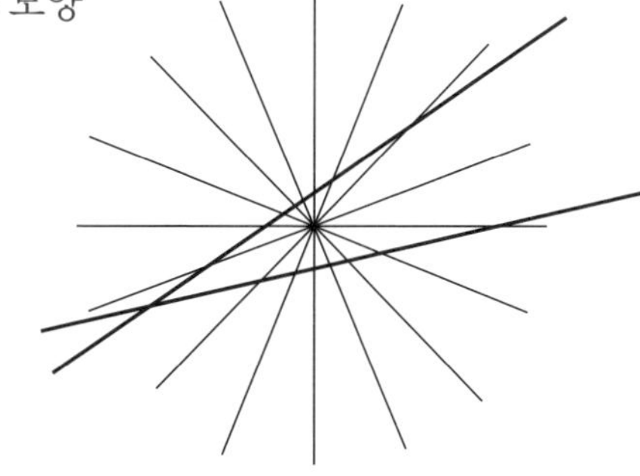

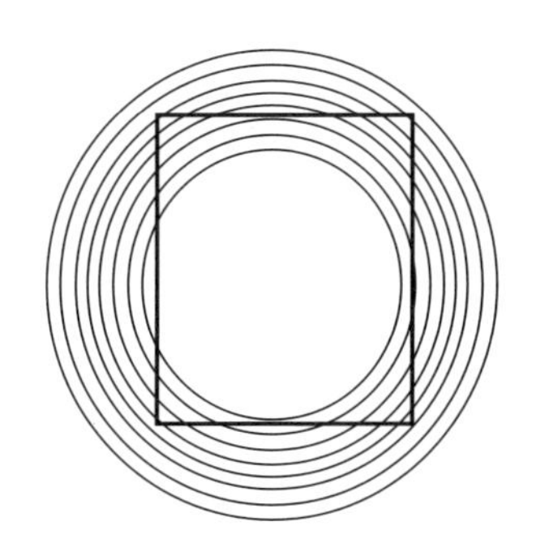

◎ 오비슨 착시

여러 개의 동심원 속에 사각형이 들어가면 동심원에 그려진 사각형이 왜곡되어 보인다.

【왜곡되는 위치, 모양】

◎ 포겐도르프 착시

사선 사이사이를 직사각형으로 숨기면 그 직선의 시작과 끝이 어긋나 보인다. 그림에서 a와 연결된 선이 언뜻 보기에는 b 같지만, 실제로는 c다.

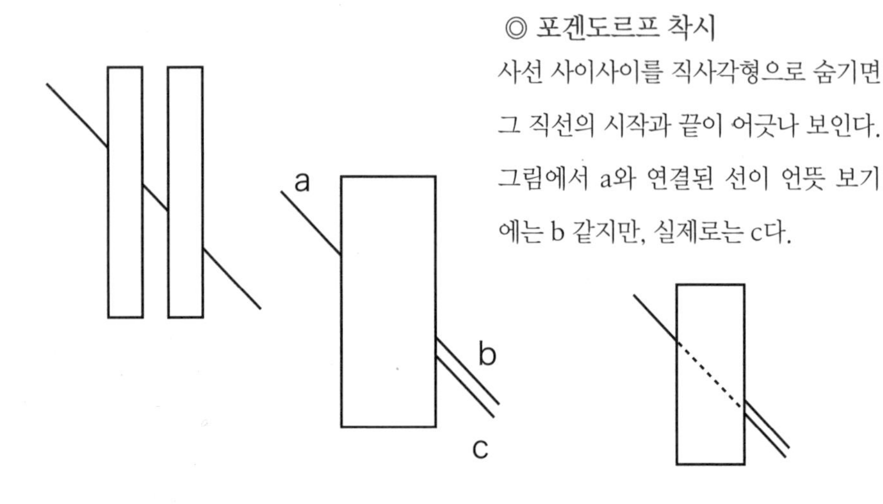


◎ 오펠-쿤트 착시

d와 e 사이의 간격과 e와 f 사이의 간격은 똑같다. 그러나 같은 간격으로 선을 넣으면 선이 들어가 있는 d-e가 e-f보다 간격이 더 넓어 보인다.

◎ 웨이트-마사로 착시

위아래의 직사각형은 같은 크기이나 위의 직사각형은 가늘고 길게 느껴지고, 아래의 직사각형은 두껍게 보인다. 뮐러-라이어 착시와 비슷한 효과가 있다.

【없는 것이 보이는 착시】

◎ 카니자 삼각형 착시

색이 칠해진 원에, 칼집을 내고 밑변이 없는 삼각형을 넣으면 존재하지 않는 삼각형이 떠오른다. 없는 윤곽선을 지각하는 착시로 주관적 윤곽이라고도 부른다. 떠오르는 삼각형은 마치 배경보다도 밝게 보인다.



◎ 네카 입방체 착시

색이 칠해진 원에, 정육면체의 모서리 모양을 붙여 늘어놓으면 거기에 정육면체가 떠오른다. 원 말고는 아무것도 그려져 있지 않은데도 완전한 정육면체가 있는 것처럼 보인다.

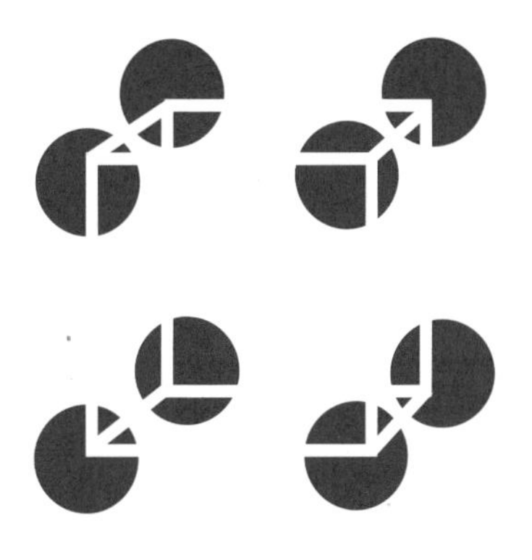

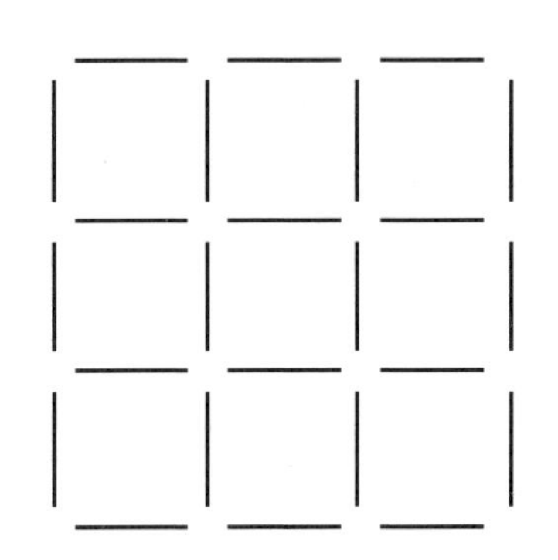

◎ 에렌슈타인 착시

교차 선의 교차 부분이 끊어져 있으면 그 주위에 밝은 원형이 떠오른다. 이것은 뇌가 잘린 선을 인지할 때 뭔가 덮고 있는 것이 있다고 착각한 나머지, 자동적으로 동그란 장애물을 만들어 버리기 때문으로 생각된다.

【색상의 착시】

◎ 체커 그림자 착시

블록 b는 a와 동일한 색상이지만 다르게 보인다. 사람의 눈이 주변의 색이나 명암에 따라 같은 색도 다른 색으로 인지하기 때문에 생기는 착시 현상이다.

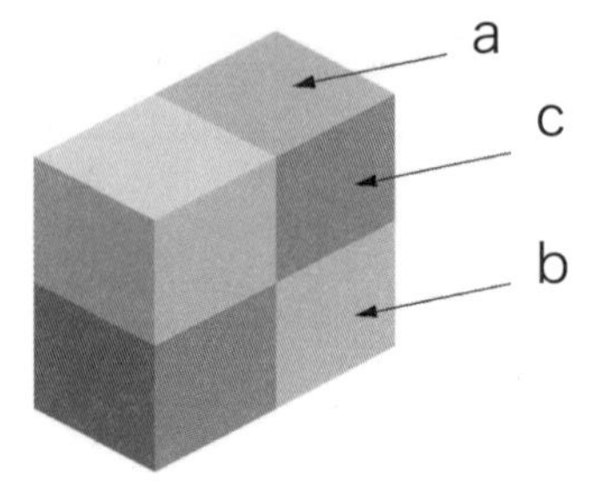


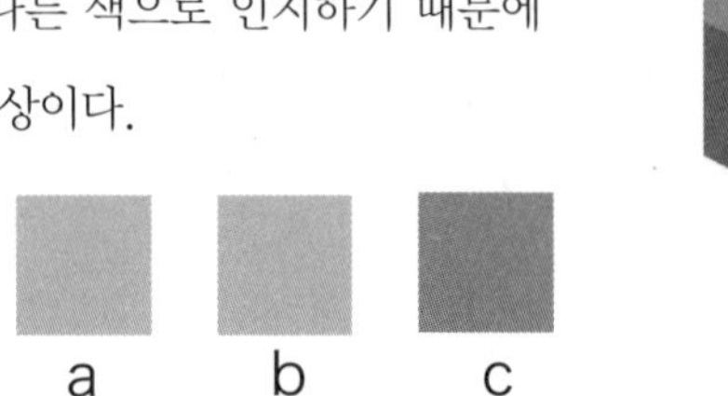


◎ 마하 밴드

접촉하는 색끼리는 서로 영향을 주고 받는다. 이로 인해 어두운 영역의 경계 부근은 더 어둡게, 반대로 밝은 영역의 경계 부근은 더 밝게 보인다.

◎ 바자렐리 착시

밝기가 다른 정사각형을 여러 겹으로 놓으면 십자별 같은 모양이 떠오른다. 이것은 겹친 부분의 밀도가 높을 때, 농담의 대비에 의해 볼 수 있는 명암의 착시다.

제 4 장

# 연애심리학

## 연애 감정을 좌우하는 것은?

사람은 사랑 없이는 살 수 없다. 인생을 좌우하는 중요한 행위인 연애에는 다양한 심리효과가 작용한다. 현수교 효과처럼 사람들에게 잘 알려진 효과도 있고, 깊은 연애 감정으로 이끄는 암흑효과도 있다. 결혼에 골인하는 연애를 하고 싶은 사람이라면 반드시 알아야 할 SVR 이론 등 다양한 심리효과를 소개한다.

# 현수교 효과

성적으로 또는 생리적으로 흥분한 상태에서 이성을 만나면, 그 이성에게 호감을 느끼는 경향이 있다. 예컨대 높은 곳에 있는 현수교 위에서 이성을 만나면 그 두근거림을 사랑의 두근거림으로 착각하기도 한다. 단순한 신체적 반응을 그 이성의 매력으로 인한 반응이라고 뇌가 착각하는 것이다.

이런 심리 성향을 현수교 효과(Suspension Bridge Effect)라고 한다. 여성과 남성 모두에게 작용하는 효과지만 여성보다는 남성에게서 더 자주 나타난다. 하지만 본인이 자각할 수 없는 곳에서 변화하는 일도 많아 설문으로는 좀처럼 추출하기 어렵고, 반응의 강도도 개인차가 크다.

실험

캐나다 심리학자 도널드 더튼(Donald Dutton)과 아서 아론(Arthur Aron)은 수십 미터 높이의 흔들리는 다리와 얕은 강 위에 놓인 튼튼한 다리 두 곳에서 실험을 했다. 18세에서 35세 사이의 남성이 다리를 건널 때 다리 중간쯤에서 매력적인 여성이 설문 조사를 의뢰했다. 그리고 나중에 조사 결과를 알고 싶으면 전화하라며 전화번호를 알려 주었다. 그 결과 흔들리는 다리에서 설문 조사에 응한 사람이 압도적으로 많은 비율로 전화를 걸어왔다. 공포로 인한 두근거림을 시간이 경과하면서 연애 감정의 두근거림으로 뇌가 착각한 결과라고 생각할 수 있다. 이 실험 결과에 대해 근거가 약하다고 말하는 사람도 있다. 판다 선생님도 유사한 실험을 통해 이런 뇌의 착각이 존재한다는 것을 확인했다.

판다 선생님이 알려 주는 심리 활용법

현수교 효과라고는 하지만 현수교에서 우연히 이성을 만나기는 쉽지 않잖아. 난 이보다 더 효과가 있는 게 공포영화라고 생각해. 젊은 두 사람이라면 놀이공원의 롤러코스터도 좋을 것 같고. 침착한 두 사람이라면 스카이 트리나 고층빌딩 전망대도 권할 만한 것 같아. 반응이 나오기까지는 시간이 필요한 경우도 있으니 친밀해지려고 조급히 행동해서는 안 되는 거 알지?

두근거리는 체험을 공유하는 영화는 권할 만해.

시간이 지나면서 두근거림이 연애 감정으로 변하기도 한다.


관련 효과 → 겔렌데 매직(p.142)

# 자이언스 효과

처음에는 관심이 없던 상대라도 여러 번 만나거나 대화를 나누다 보면 차츰 호감을 느끼게 되는 경우가 있다. 이런 심리 현상은 미국의 심리학자 로버트 자이언스(Robert Zajonc)가 정립한 이론으로, 그의 이름을 따서 자이언스 효과(Zajonc Effect)라고 한다. 단순접촉의 원리, 단순접촉 효과라고도 한다.

좋지도 싫지도 않은 상대는 접촉 횟수가 많아지면 호감도가 높아진다.

싫은 상대는 여러 번 만나도 자이언스 효과가 나타나지 않는다.

남성은 여성의 외적 요인을 보고 초기 단계부터 좋고 싫은 감정을 갖기 쉽다. 하지만 여성은 남성에 대한 호감을 갖지 않은 상태에서 만나는 경우가 많다. 때문에 여성 쪽이 자이언스 효과를 쉽게 볼 수 있다. 다만 싫은 상대에게는 자이언스 효과가 기능을 발휘하지 못하고, 그 상대를 더 싫어하게 될 수도 있다.

실험

미국의 심리학자 로버트 자이언스는 얼굴 사진을 보는 횟수에 따라 호감도가 어떻게 변화하는지 실험했다. 대학생에게 무작위로 이성의 사진을 보여 주었는데, 얼굴을 본 횟수가 많을수록 상대에게 호감을 갖는 것으로 나타났다. 이성의 얼굴에는 취향이 있을 수 있는데도 여러 번 사진을 보는 것만으로도 호감이 생긴다는 것이다. 사진만이 아니라 사람을 직접 만나는 실험에서도 같은 결과가 나왔다. 단순히 마주치는 횟수가 늘어도 상대에게 호감을 갖기 쉽다는 것을 알 수 있다.

판다 선생님이 알려 주는 심리 활용법

친해지고 싶은 사람이 있다면 가능하면 자주 마주치는 게 좋아. 학교라면 같은 동아리에 들어가도 좋고, 직장이라면 출근 시간을 맞추어 상대와 자주 마주치는 것이 중요하거든. 단순하다고 생각할 수 있지만 상당히 효과가 있거든. 다만, 일부러 기다리고 있다고 생각되면 역효과가 날 수 있어. 그러니까 자연스럽게 마주치는 게 좋아. 만일 상대가 이상하게 여기거나 의심스러운 눈초리로 보면 즉시 그만두어야 해. 그래도 계속하면 싫어할 게 분명하거든.

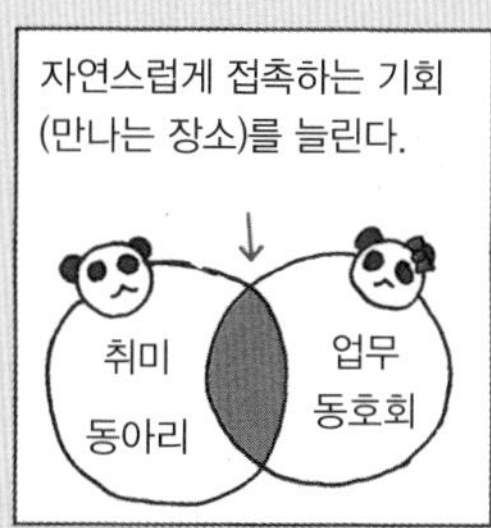


관련 효과 → 노출효과(p.111) → 근접 요인(p.136) → 숙지성의 법칙(p.138)

# 근접요인

大
심리효과

小
개인차

학교를 졸업하고 사회인이 되어도 사람은 마음에 드는 사람들과 집단을 이룬다. 이 집단의 구성원은 대부분 자신과 가까이에 있는 사람들이다. 사람은 누구나 가까이에 있는 사람과 친해지고 싶은 경향이 있기 때문이다. 친구 관계만이 아니라 이성에 대해서도 마찬가지다. 이런 경향을 근접요인(Proximate Factor)이라고 한다.

자리가 가까울수록
친해질 가능성이 크다.

같은 동아리 등 가까이에
있을수록 친해진다.

대학이라면 같은 학부보다 같은 학과, 같은 학과라면 같은 클래스, 같은 클래스라면 자리가 가까운 사람끼리 친해질 가능성이 크다. 사회에서도 같은 부서, 가까운 자리에 앉은 사람일수록 친해지기 쉽다. 이성에게 호감을 얻고 싶다면 자연스럽게 상대 가까이에 있는 것이 좋다.

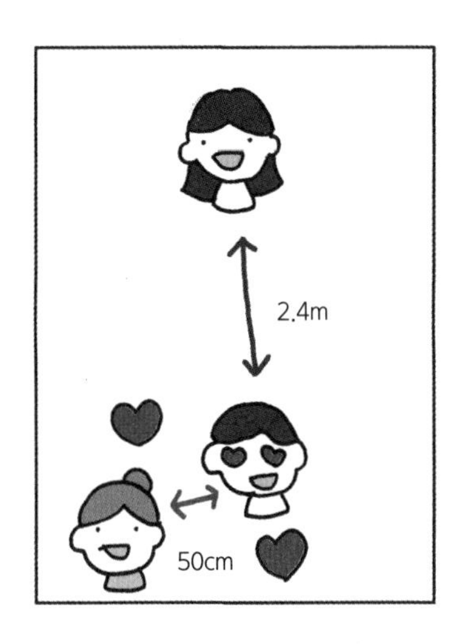


**실험**

미국 심리학자 피터 칸은 남성이 두 여성과 대화를 할 경우, 어느 쪽에 호감을 갖는지 알아보는 실험을 했다. 남성은 50cm 떨어진 곳에 있는 여성, 그리고 2.4m 떨어진 곳에 있는 여성과 동시에 대화를 했다.

실험 결과, 남성은 50cm 떨어진 곳에 있는 여성에게 호감을 가졌고 상대 여성도 남성에게 호감을 가졌다. 또한 미국의 심리학자 레온 페스팅거(Leon Festinger)는 공동주택에 사는 사람들의 호감도와 거리의 관계를 조사했다. 이 조사에 의하면 층이 달라도 계단에서 가장 가까운 집 사람들과 친하게 지내는 것으로 나타났다.

**판다 선생님이 알려 주는 심리 활용법**

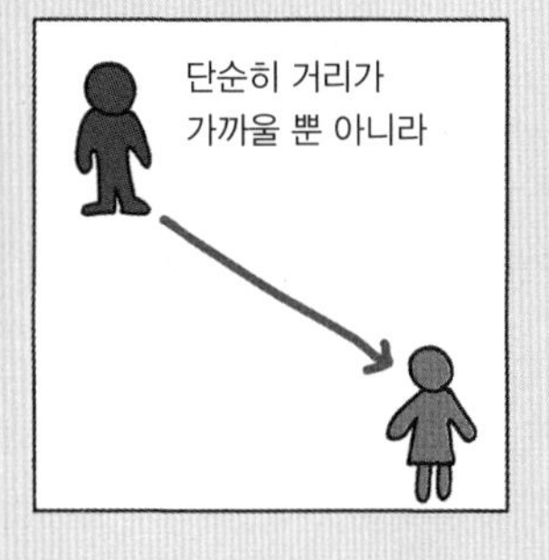

마음에 드는 이성과 가까워지고 싶다면 자연스럽게 다가가는 게 중요해. 사람과 사람 사이는 물리적 거리 못지않게 자신과 그 사람 사이에 있는 '사람 수'도 중요하고. 페스팅거의 실험처럼 이웃이라 해도 공동주택에서는 수십 미터 사이에 여러 집이 있잖아. 그러면 옆집이라는 감각이 약해지지. 하지만 지방에서는 집과 집 사이가 500m 떨어져 있어도 사이에 집이 없으면 이웃으로 여겨져 친해지거든.

**관련 효과** → 노출효과(p.111) → 보사드의 법칙(p.152) → 자이언스 효과(p.134) → 개인공간(p.10)

# 숙지성의 법칙

직장 동료나 학교 친구를 매일 만나다 보면 다양한 정보를 알게 된다. '아아, 그는 그런 걸 좋아하는구나'라든가 '그녀는 그런 일에 좀 서툴구나' 등. 상대의 취미나 특기, 생활 습관, 휴일에 뭘 하며 지내는지에 대한 정보를 알게 되면 차츰 상대에게 호감을 갖게 된다.

상대를 자세히 알게 되면… 호감을 갖게 된다.

마주칠 기회가 많을수록 상대에게 호감을 갖기 쉽지만, 상대에 대해 알게 되면 더욱 호감도가 높아진다. 이런 경향을 숙지성의 법칙이라고 한다. 숙지성의 법칙은 여성에게 강하게 작용하는 것으로 알려져 있다. 연애할 때 안정감을 중요하게 생각하는 여성들이 많은데, 상대를 알면 안정감이 높아지기 때문이다(반대로 신비로운 남성에게 끌리는 심리도 있다).

연구

심리효과에서 연애 관계로 발전하는 왕도는 자주 얼굴을 마주치는 것(자이언스 효과)이다. 그리고 집단 속에서 가까이에 있을수록(근접요인), 상대에 대해 잘 알게 될수록(숙지성의 법칙) 호감도는 한층 높아진다. 이것이 연애에 필요한 3대 효과다. 그리고 한 가지, 자신을 개방하는 자기개시를 하면 훨씬 거리가 좁혀진다.

숙지성의 법칙은 비즈니스에서도 사용할 수 있어. 영업사원이나 가게의 경우, 단순 접촉을 늘리는 데 그치지 않고 자신(가게)을 자세히 알리면 더 효과가 있거든. 예를 들어 사진을 붙인 카드를 보내는 거야. 가능하면 직접 쓴 카드가 좋아. 직접 쓴 글씨는 자신의 됨됨이를 호의적으로 전달할 수 있거든. 인터넷 쇼핑몰에서 물건을 사면 직접 쓴 사례 메시지가 상품에 동봉되어 오기도 하잖아. 자신(가게)의 근황이나 감사의 마음을 카드에 담아 전하는 거지. 마음이 담긴 정보로 인해 숙지성의 법칙이 효과를 발휘하지 않을까.

관련 효과 → 노출효과(p.111) → 근접요인(p.136) → 자이언스 효과(p.134) → 자기개시(p.54)

# 로미오와 줄리엣 효과

연애를 하는 남녀는 부모의 반대 등 장애가 있으면 유대 관계가 더 끈끈해지는 경우가 많다. 이런 경향을 로미오와 줄리엣 효과(Romeo & Juliet Effect)라고 한다. 좋아하지만 장애가 있기 때문에 헤어져야 하는 불협화(불쾌감)가 생길 경우, 오히려 이를 해소하기 위해 연애 감정이 더 강해지는 심리효과가 작용한다.

부모의 반대 같은 사랑의 장애물은 마음만으로는 바꿀 수 없기 때문에, 이를 극복하기 위해 사랑의 감정이 깊어진다. 그리고 장애를 뛰어넘으려는 힘을 사랑이라고 착각해 버린다.

**조사**

심리학자 리처드 드리스콜(Richard Driscoll)과 밀턴 리페츠(Milton E. Lipitz)는 140쌍의 연인을 대상으로 연애 만족도 조사를 했다. 그 결과 쌍방의 부모가 두 사람의 관계에 반대할수록 서로의 연애 만족도는 높아지는 경향을 보였다. 드리스콜과 리페츠는 연애가 곤란한 상황에 있을수록 두 사람의 관계가 깊어진다는 설을 주장하면서, 이런 심리 경향에 '로미오와 줄리엣 효과'라는 이름을 붙였다. ≪로미오와 줄리엣≫은 셰익스피어의 희곡 중 가장 많은 사랑을 받은 작품이다. 14세기 이탈리아에서 집안끼리 원수지간이던 로미오와 줄리엣이 첫눈에 반해 불꽃 같은 사랑을 나누다가 비극적인 결말을 맞는다는 내용이다.

**판다 선생님이 알려 주는 심리 활용법**

연애에서는 두 사람 사이에 장애가 있어야 불이 붙는 법. 따라서 일부러 장애를 만드는 작전이 효과를 발휘할지도 몰라. 태도가 불분명한 상대와의 관계가 바뀔 수도 있고, '사랑의 라이벌이 있다'거나 '부모가 반대'하는 상황이 닥치면 감정이 급변할 수도 있어. 로미오와 줄리엣 효과로 이어진 두 사람은 그 후의 대응이 아주 중요해. 장애가 없어지고 나면 그제야 진짜 자기 마음을 알게 되기 때문이야. 그러니까 맺어진 후에 더욱 상대를 소중히 해야겠지.

두 사람의 관계가 끊지 않을 때는

일부러 장애물을 둔다.

라이벌

방해자

**관련 효과** → 칼리굴라 효과(p.87) → 보사드의 법칙(p.152)

# 겔렌데 매직

가까이에 있는 사람과 연애를 시작하는 사람이 있는가 하면, 휴양지에서 만난 이성에게 강하게 끌리기도 한다. 예를 들면 스키장에서 만난 이성이 특히 멋있어 보일 수 있다. 이런 심리 현상을 겔렌데 매직(Gelände Magic)이라고 한다.

겔렌데 매직으로
남성은 멋있게 보인다.

여성은 보다 아름답게 보인다.

스키에 능숙하지 않은 여성의 경우, 난처할 때 도와주는 이성을 실제보다도 멋지게 느낀다. 남성은 여성의 체형을 보고 상대의 인상을 결정하곤 한다. 스키장에서는 선명한 색상의 스키복도 한몫하기 때문에, 외모 요인으로 인해 기분이 더욱 고양될 수 있다.

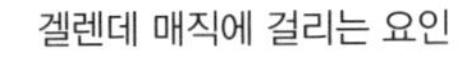

**조사**

스키장에서 이성에게 끌리는 요인은 남녀가 각각 다르다. 한 인터넷 마케팅 회사가 실시한 조사에 의하면 겔렌데 매직에 걸리는 요인으로, 여성은 남성의 스키나 보드 실력, 도움 줄 때의 상냥한 태도를 먼저 꼽았다. 반면 남성은 여성의 스키복 등 용모가 주요 요인이었다. 겔렌데 매직 효과를 노린다면 여성은 스키복, 남성은 스키 실력을 특히 강화해야 할 듯하다.

**판다 선생님이 알려 주는 심리 활용법**

여성이라면 마음에 드는 남자 앞에서는 일부러 못 타는 척해도 좋을 것 같아. 남성에게는 보호욕구라 할까, 약한 여성을 지켜 주고 싶은 심리가 있으니까. 그리고 겔렌데 매직 효과에는 눈이라는 흰 배경과 반사되는 태양 빛이 영향을 미친다고 볼 수 있어. 이 빛에는 얼굴을 아름답게 보이게 하는 효과가 있거든. 스티커 사진과 같은 효과라고 보면 돼. 그러니까 맑은 날이 좋겠지. 그리고 시간적인 제한을 두는 거야. 시간적인 강박관념이 강하게 사랑을 밀어주거든.

**관련 효과** → 후광효과(p.22) → 초두효과(p.6) → 의외성 효과(p.149) → 접촉효과(p.154)

# SVR 이론

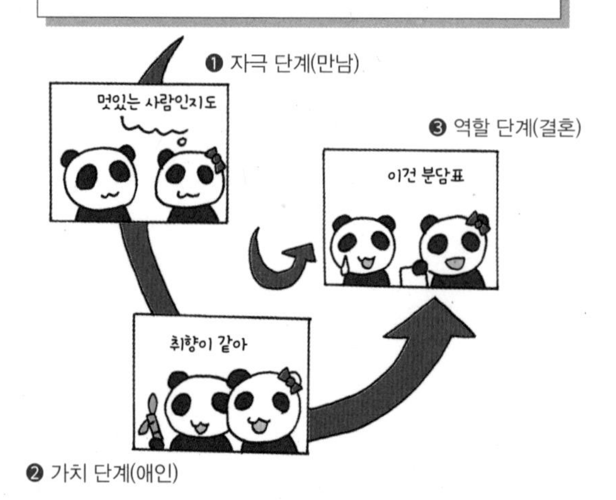


연애에서 결혼에 이르는 바람직한 형태를 생각하는가? 그렇다면 미국의 심리학자 머스타인(B. J. Murstein)이 제안한 SVR(Stimulus-Value-Role) 이론에 따른 연애 과정의 3단계에 대해 알아 두는 것이 좋다.

### ❶ 자극 단계 (Stimulus)

첫 만남에서는 상대의 겉모습이나 행동, 성격 등 관찰 가능한 자극(Stimulus)이 중요하다. 외모나 행동 같은 외부의 자극에 끌리는 만남의 단계다.

### ❷ 가치 단계 (Value)

만남을 거쳐 교제하기 시작하는 단계다. 여기서는 상대와 취미나 취향, 가치관(Value)이 비슷한지가 중요하다. 서로의 가치관을 인정한 두 사람이 연인이 되는 단계다.

### ❸ 역할 단계 (Role)

계속 관계가 진전되려면 가치관뿐 아니라 서로의 역할(Role) 분담이 중요하다. 서로 부족한 부분을 보완하는 관계가 되면 결혼 가능성이 보이기 시작한다. 역할을 분담하고 보완할 수 있는 관계가 중요하다.

**관련 효과** → 자이언스 효과(p.134) → 근접요인(p.136) → 숙지성의 법칙(p.138)

# 쿨리지 효과

자기 남편은 남성 기능이 부족하기 때문에 바람을 피울 리 없다고 생각하는 여자가 있지만, 안심은 금물이다. 남자는 이상적인 여성을 발견하면 성적 욕구가 회복되는 기능이 있기 때문이다. 이것을 쿨리지 효과(Coolidge Effect)라고 한다.

남자는 특정 상대와의 관계가 지속되면
성기능이 떨어지지만

대상이 바뀌면
성기능이 회복된다.

미국의 30대 대통령 캘빈 쿨리지(Calvin Coolidge)가 아내와 함께 양계장을 방문했을 때의 일이다. 농장 주인이 수탉은 파트너를 매일 바꾼다고 말하자, 쿨리지가 그 이야기를 아내에게 전해 달라고 말한 농담에서 유래했다. 남성은 자손을 남기기 위해 더 많은 상대를 찾는 본능이 있다. 특정 상대만으로는 본능이 채워지지 않을 때 성적 욕구에 관련된 기능이 떨어지는 경향이 있다.

**관련 효과** → 자이언스 효과(p.134) → 근접요인(p.136) → 숙지성의 법칙(p.138)

# 암흑효과

中
심리효과

中
개인차

大
여성효과

어두운 곳에 함께 있으면 옆사람과 급속하게 친밀해지기도 한다. 어두운 곳은 불안을 유발하고 특히 여성은 친화욕구가 강하기 때문에, 어두운 곳에 함께 있는 남성에게 호감을 갖기 쉽다. 이런 경향을 암흑효과라고 한다.

어두운 곳에서 빛을 보면
보다 강한 효과를 기대할 수 있다.

이 효과는 어둠 속에 강하게 빛나는 빛이 있으면 더욱 높아진다. 예컨대 캠프파이어를 하면 동료와 일체감을 느낄 수 있다. 이 외에도 촛불이 흔들리는 어슴푸레한 술집이나 불꽃놀이 등은 이성과 친해지고 싶을 때 특히 효과적이다.

**관련 효과** → 친화욕구(p.37)

# 자본력 효과

大 심리효과

大 개인차

大 여성효과



여성은 수입이나 자산이 많은 남성을 좋아하는 경향이 있다. 이것은 단순히 여성이 화려한 생활을 바란다는 이야기가 아니다. 여성은 본질적으로 안정감을 추구한다. 여성은 출산과 육아를 해야 하기 때문에 장소와 음식과 평화로운 일상을 제공해주는 파트너가 필요하다. 그래서 여성은 이런 본능 비슷한 욕구를 갖는 경향이 있다.

이런 경향은 사람뿐 아니라 동물에게도 볼 수 있는 원시적인 본능이다. 수입이나 자산이 많은 남성은 금전 면에서 안정된 생활을 보낼 수 있다. 그래서 여성은 고소득 자산가 남성을 좋아하는 것이다. 이런 경향을 판다 선생님은 자본력 효과라고 부른다.

**관련 효과** → 손실회피편향(p.156)

# 작은 악마 효과

여성은 안정적인 고소득 자산가를 좋아하는 경향이 있는 반면, 남성은 여성의 불안정성에 매력을 느끼는 심리가 있다. 잘 변하는 여성의 마음을 현재의식에서는 귀찮다고 생각하면서도 잠재의식에서는 자극적으로 느끼기도 한다. 이런 경향을 작은 악마 효과라고 한다.

휘둘리는 게
싫다고 하면서도

즐겁게 느끼거나 지켜 주고
싶다고 느끼는 남성이 많다.

남성에게는 보호욕구라고 하여 자기보다 약한 여성을 지켜 주고 싶은 욕구가 있다. 불안정해서 어디론가 가 버릴 것 같은 여성을 지켜 주고 싶은 욕구도 있다(지배욕도 관계한다). 남성은 작은 악마 같은 여성의 불가사의한 매력에 강한 자극을 받는다.

**관련 효과** → 자본력 효과(p.147) → SVR 이론(p.144) → 의외성 효과(p.149)

# 의외성 효과

본래 사람은 안정감을 갖고 싶어 하는 생물이다. 상대에게 이런 말을 하면 이런 말이 돌아오겠지 상상하면서 말하는 경우가 많다. 그런데 의외의 말이 돌아오면 재미있다고 생각할 뿐 아니라 상대에게 끌릴 수도 있다.

평소에 점잖은 사람이
일을 할 때는 박력이 넘친다.

반대로 어린애처럼 구는 등의
의외성이 매력적으로 느껴진다.

이런 경향을 의외성 효과 혹은 갭 효과라고 한다. 평소 믿음직스럽지 못하게 보이는 남성이 문제가 생겼을 때 남자답게 대처하는 일이 있다. 회사에서 일을 잘하는 여성이 요리도 잘하는 경우 의외성 효과가 작용한다. 의외성 효과는 마이너스로 작용하기도 하지만 대개는 플러스로 작용한다.

**관련 효과** → 작은 악마 효과(p.148)

# 미러링 효과

大
심리효과

中
개인차

상대의 자세나 표정을 따라 하면 서로 공감대를 형성하는 데 효과가 있다. 이것을 미러링 효과(Mirroring Effect)라고 한다. 사람은 자신과 유사성이 있는 사람을 매력적으로 느끼는 경향이 있다. 이 효과를 잘 이용하면 비슷한 사람끼리 서로 끌리는 상황을 인위적으로 만들 수가 있다.

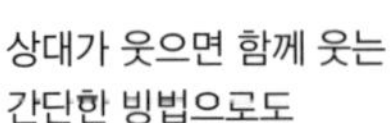

상대가 웃으면 함께 웃는
간단한 빙법으로도

상대가 말하는 속도에 맞춰도
호감도가 올라간다.

미러링 효과는 다양하게 이용할 수 있다. 상대가 웃으면 함께 웃는 단순한 것부터 상대의 말하는 속도에 맞추는 고도의 응용 방법까지 가능하다. 자세나 몸짓뿐 아니라 취미나 음식, 생활 습관이 비슷해도 호감도가 높아지는 것으로 알려져 있다.

**실험**

미국 심리학자 타냐 차트란드(Tanya Chartrand)는 상대의 호감도를 측정하는 실험을 했다. 두 사람씩 짝을 지어 상대의 자세와 몸짓을 따라 하도록 지시한 그룹과, 아무것도 지시하지 않은 그룹을 설정했다. 15분 후에 상대의 호감도에 대해 질문했더니 상대를 따라 한 그룹은 73%의 호감도를 보인 반면, 상대를 따라 하지 않은 그룹은 65%의 호감도를 보였다. 일본의 방송 실험에서도 남성이 처음 대면한 여성과 대화를 할 때, 상대 여성의 몸짓을 따라 한 경우는 따라 하지 않은 경우에 비해 2~3배 좋은 인상을 받았다.



**판다 선생님이 알려 주는 심리 활용법**

미러링 효과는 상대에게 좋은 인상을 줄 수 있어. 그것도 무의식에 작용하는 효과가 있지. 그러니까 한번 해봐. 좀 신경 쓰이는 상대와 식사라도 하면서 상대의 행동을 아무렇지 않게 흉내 내 보는 거야. 상대가 음료를 마시면 자신도 마시고 손짓으로 말을 하면 자신도 손짓으로 대답하면 돼. 특히 표정을 상대에게 맞춰 보는 거야. 이렇게 흉내를 내기만 해도 호감도가 올라가니까. 말하는 속도도 상대에게 맞추면 더 좋아. 다만 자연스럽게 하는 게 중요해.

**관련 효과** → 잠재의식(p.69) → 동조행동(p.26)

# 보사드의 법칙

부모의 반대 같은 장애가 있으면 사랑이 더욱 깊어진다고 하지만, 좀처럼 극복하기 어려운 장애물도 존재한다. 물리적인 거리가 그것이다. 미국의 심리학자 보사드(J. H. Bossard)는 필라델피아에 살고 있는 약혼 중인 남녀 5,000쌍을 조사했다. 결혼허가증을 취득(결혼식 전에 하는 일반적인 절차)한 단계에서는 12%의 커플이 같은 주소에, 33%는 걸어서 갈 수 있는 거리에 살고 있었다.

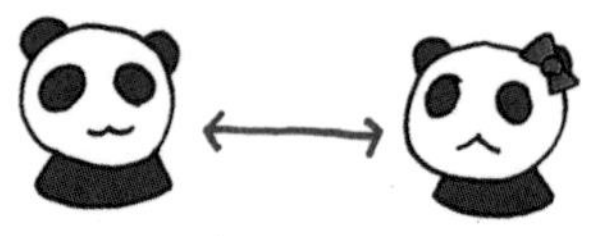

연애의 장애물 중에서도
원거리는 특별하다.

장거리 연애는 두 사람의 관계가
오래가지 못할 위험이 있다.

이런 이유로 남녀 관계는 물리적인 거리가 가까울수록 심리적인 거리도 가까워진다는 사실이 알려졌다. 이런 경향을 보사드의 법칙이라고 한다. 그리고 약혼 중에 떨어져 있던 커플일수록 결혼에 이르지 못하는 경우가 많았다. 원거리는 연애의 장애물 중에서도 가장 위험한 요인임을 알 수 있다.

**관련 효과** → 근접요인(p.136) → 로미오와 줄리엣 효과(p.140)

# 자기긍정욕구

호감을 느끼고 있는 상대와의 관계를 좁히려면 상대를 칭찬하는 것이 효과적이다. 사람에게는 자신이 하는 것을 인정받거나 칭찬받고 싶은 자기긍정욕구가 있다. 빈말이라는 걸 알아도 칭찬을 받으면 기분이 좋아진다.

사람은 욕구를 만족시켜 주는 상대에게 호감을 느끼기 마련이다. 스스로를 낮추고 겸손해하는 사람도 사실 칭찬을 받고 싶어 한다. 따라서 상대의 겸손을 더욱 칭찬하는 것이 중요하다. 칭찬하는 법도 중요한데 이에 대해서는 게인로스 효과를 참조하기 바란다.

**관련 효과** → 게인로스 효과(p.53) → 인정욕구(p.8) → 친화욕구(p.37)

# 접촉효과

편의점 같은 곳에서 여성 점원과 물건을 주고받을 때 서로 손이 살짝 닿을 수가 있다. 이때 남성은 상대에게 호감을 갖기도 한다. 이런 접촉효과에 의해 사람은 이성에 대해 호감을 갖는 경향이 있다. 다만 이 효과는 남녀 간에 발동하는 포인트가 다르다.

남성은 친해지기 위해
여성과 접촉하고 싶어 한다.

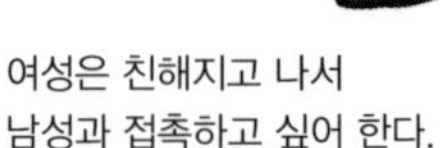

여성은 친해지고 나서
남성과 접촉하고 싶어 한다.

남성은 여성과 접촉함으로써 연애 관계를 발전시키거나 발전의 계기를 만들려고 한다. 반면 여성은 연애 관계가 발전된 후에 신체 접촉을 하고 싶어 한다. 이 메커니즘의 차이로 인해 남성의 행위가 성추행이 될 수도 있으므로 주의해야 한다.

**관련 효과** → 근접요인(p.136)

제 5 장

# 경제심리학 (행동경제학)

## 심리가 보이면 경제가 재미있다

인간관계, 자기이해, 연애 등 심리학은 다양한 분야에서 활용된다. 5장에서는 돈에 관련된 심리를 소개한다. 이득을 얻고 싶다고 생각하는 사람보다도 손해를 보고 싶지 않다고 생각하는 사람이 많다. 음식점에 등급별 코스 요리가 있다면 자신도 모르게 중간 코스를 선택한다. 어째서 사람은 그런 행동을 취하는지, 경제에 관한 심리와 경향, 효과를 살펴본다.

# 손실회피편향

사람은 이득을 얻고 싶은 마음보다도 손해를 보지 않으려는 마음이 강하다. 예컨대 다음 달부터 갑자기 급여가 10만 원 올랐을 때의 기분을 생각해 보자. 갑자기 급여가 인상되면 기분이 좋을 것이다. 이번에는 다음 달부터 갑자기 급여가 10만 원 내려갔을 때의 기분을 생각해 보자. 분명 기분이 언짢을 것이다. 과연 이 두 기분의 크기는 같을까?

급여가 내려간 여파는
너무 커서…

내려갔을 때의 언짢은 기분은
올라갔을 때의 기쁨보다 2.5배나 크다고 한다.

대부분의 사람은 급여가 10만 원 인상될 때 느끼는 기쁨보다 인하될 때 느끼는 언짢은 기분이 훨씬 크다. 이런 기분은 손해를 보고 싶지 않은 경향, 손실회피편향(Loss Aversion Bias) 때문이다. 이 경향은 장년층이 강하고 남자보다는 여자가 강한 편이다. 최근에는 10대, 20대 젊은이 사이에도 확산되고 있다.

**실험**

존 리스트(John A. List) 시카고대학 교수는 교원조합의 협조를 받아 다음과 같은 실험을 실시했다. 교사를 두 그룹으로 나눈 뒤 각기 다른 조건을 제시했다. 즉 A그룹 교사에게는 처음에 4,000달러의 보수를 선불로 지급하고 연말까지 학생의 성적이 향상될수록 반환 금액이 적어진다는 조건을 제시했다. 반면 B그룹 교사에게는 연말까지 학생의 성적이 향상되면 연말에 4,000달러를 지급하겠다는 조건을 제시했다. 실험 결과, A그룹 교사가 가르친 학생의 성적은 10% 향상되었으나 B그룹 교사가 가르친 학생의 성적은 향상되지 않았다. 이 결과에 대해 리스트 교수는 손실회피편향이 강하게 작용한 결과라고 추정했다.

**판다 선생님이 알려 주는 심리 활용법**

보통 보너스는 실적에 따라 나중에 지급하잖아. 그런데 손실회피편향을 잘 이용하면 위의 실험에서처럼 보너스(보수)를 먼저 주는 게 효과적일 수도 있어. 목적을 달성하지 못할 경우, 돌려줘야 한다는 조건을 제시하면 돌려주기 싫어서 노력한다는 거지. 한번 받은 걸 내놓아야 한다는 건 굉장히 고통스러우니까. 이건 회사만이 아니라 가정에서도 응용 가능하지 않을까.

**관련 효과** → 소유효과(p.158) → 지폐효과(p.164) → 송죽매 효과(p.172) → 콩코드 효과(p.180)

# 소유효과

미국 대학에서 학생들을 대상으로 소유물의 가치를 알아보는 실험을 했다. 학생들을 무작위로 두 그룹으로 나누고, 한 그룹에만 대학의 로고가 그려진 머그잔을 선물했다. 그리고 나서 컵을 받은 사람에게는 몇 달러면 그 머그잔을 팔 것인지, 또 머그잔을 받지 못한 사람에게는 얼마면 머그잔을 사고 싶은지를 질문했다.

머그잔을 팔고 싶은 사람은
평균 5.25달러 제시

머그잔을 사고 싶은 사람은
평균 2.75달러 제시

머그잔을 소유한 사람은 평균 5.25달러 아래로는 팔려고 하지 않았고, 머그잔을 소유하지 못한 사람은 평균 2.75달러 넘게는 사려고 하지 않았다. 우리는 한번 물건을 소유하면 그 물건에 객관적인 가치 이상을 부여하는 경향이 있다. 이런 경향을 소유효과(Endowment Effect) 혹은 보유효과라고 한다.

**실험**

판다 선생님이 659명에게 "5,000원짜리 로또복권을 누군가에게 넘길 경우, 얼마면 팔겠는가?"라는 질문을 했다.

그 결과 팔고 싶은 금액의 평균은 11,000원이었다. 현실적인 가치로는 5,000~10,000원(구입 가격을 포함)이었으나, 여기에 팔아넘긴 복권이 당첨됐을 때의 기분 값을 가산했다. 사고 싶은 가격과 팔고 싶은 가격의 차가 3.9배나 벌어진 셈이다. 또한 여성의 평균은 9,000원인데 반해 남성의 평균은 13,000원으로 남녀 간에도 큰 차이를 보였다. 소유효과는 남성에게 강하게 작용할 가능성이 높다고 할 수 있다.

**판다 선생님이 알려 주는 심리 활용법**

소유효과를 잘 이용해서 물건을 판매하는 사람들이 있어. 처음에는 무료로 주거나 저렴한 가격으로 상품 일부를 주는 거야. 수집하면 좋을 듯한 상품 일부를 주는 거지. 그 상품을 일단 소유하고 나면 그것이 아주 가치가 있다고 착각하거든. 그럼 다음 상품이 다소 비싸도 구입한다는 거지. 시리즈물이나 색상이 다른 상품이 그 예인데, 남성용 상품을 판매하는 데는 소유효과가 많은 도움이 될 것 같아.

**관련 효과** → 손실회피편향(p.156)

# 우수리 효과

상품 가격을 제시하는 방법에 따라 싸다고 느낄 수도 있고 비싸다고 느낄 수도 있다. 대표적인 것이 9,900원과 같이 끝이 떨어지지 않는 숫자이다. 이런 경향을 우수리 효과라고 하는데, 소비자의 구매 의욕을 높이는 심리 경향으로 잘 알려져 있다. 10,000원을 9,900원으로 했을 경우, 단 1%의 할인율인데도 천 원대라는 점에서 사람들은 싸다고 느낀다.

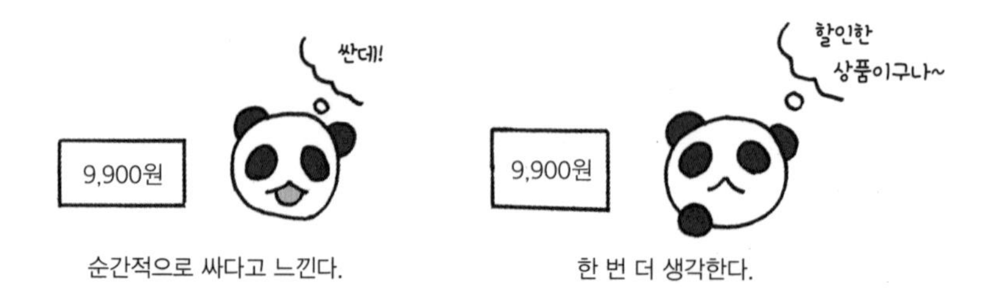


순간적으로 싸다고 느낀다.

한 번 더 생각한다.

그뿐 아니라 정가 표시가 아니므로 '할인된 가격이 아닐까' 하는 희망적인 추측을 하게 된다. 할인된 가격이라는 느낌이 강하게 들어 순간적으로 '싸다'고 느끼는 것이다.

## 연구

우수리 효과에 의한 '싸다'고 느껴지는 감각은 세계 공통으로 작용한다. 동양뿐 아니라 미국이나 유럽 여러 나라 시장에서도 우수리 효과를 이용한다. 다만 표시 방법에 약간의 차이가 있다. 다른 나라에서는 1.99 등의 표기를 많이 사용하지만, 일본에서는 마지막 숫자를 '8'이나 '80'으로 나타내는 일이 많다. 일본인은 음에 민감한데, '8'이라는 음이 기분 좋은 리듬으로 들리기 때문이다. 거기다 '9'는 빠듯한 느낌이 드는 반면 '8'은 여유로운 느낌이 든다. 한자로 해도 '八'은 글자 끝이 퍼지는 느낌이어서 좋아한다.

### 판다 선생님이 알려 주는 심리 활용법

우수리 효과는 할인뿐만 아니라 할인율이 커 보이는 심리적 효과에도 응용할 수 있어. 할인 금액일 때는 가능하면 싸게 보여야겠지만 할인율은 커 보이는 것이 효과적이잖아. 할인율을 '30%'라고 하는 것보다는 '32%, 33%'라고 하는 것이 할인 폭이 훨씬 커 보이지. 이렇게 우수리, 즉 끝수를 잘 이용하면 싸게 보일 뿐 아니라 할인 효과를 극대화할 수도 있어.

**관련 효과** → 프레이밍 효과(p.170) → 앵커링 효과(p.168)

# 현재중시편향

오늘 받으면 10,000원이지만, 1년 더 기다리면 추가 이자를 주겠다고 한다. 어느 정도의 추가 이자를 준다면 10,000원 받는 것을 1년 더 기다릴 수 있을까? 1,000원? 3,000원? 5,000원? 10,000원 이상이라고 말하는 사람이 있을지도 모른다. 이처럼 개인에 따라 기다릴 수 있는 금액은 크게 다르다.

이자 금액이 많지 않으면 기다리지 않겠다는 사람은 현재의 가치에 중점을 두고 있어 장래 10,000원의 가치가 없다고 느끼는 사람이다. 장래에 얻을 수 있는 이익이나 목표 달성보다 눈앞의 이익을 우선하는 경향을 현재중시편향(Present Bias) 혹은 현재지향편향이라고 한다. 현재중시편향이 강하게 작용하는 사람은 돈을 모으지 못하고, 여름방학 숙제를 뒤로 미루는 경우가 많다.

**관련 효과** → 현상유지편향(p.163)

# 현상유지편향

中
심리효과

大
개인차

휴대폰이나 인터넷 통신사 등은 계속해서 새 요금제를 제안하는데, 재빨리 싼 요금제로 갈아타는 사람은 생각보다 많지 않다. 사람들이 적극적으로 저렴한 요금제로 변경하지 않는 것은 현상유지편향(Status Quo Bias)이라는 심리가 작용하기 때문이다.



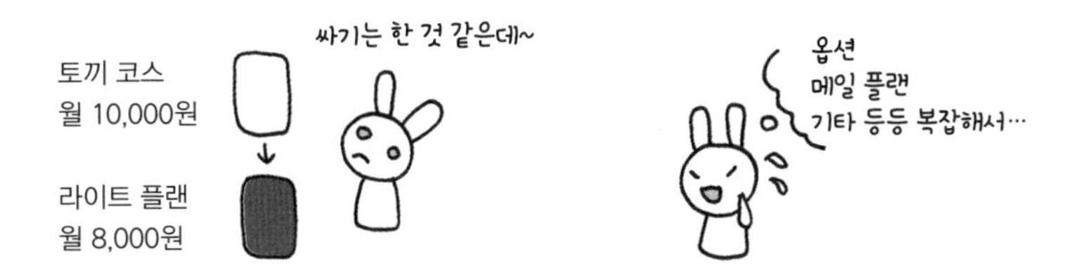


현상유지편향이란 현재의 환경이나 계획을 바꾸면 이득이라는 걸 알면서도 변화가 두려워 현상 유지를 선택하는 사고의 편향을 말한다. 절차가 귀찮다거나 적당한 이유를 둘러대어 자신을 납득시키기도 한다. 음식점에 가면 늘 먹던 음식을 주문하는 것도 현상유지편향 심리 때문이다.

관련 효과 → 현재중시편향(p.162) → 손실회피편향(p.156)

# 지폐효과

지갑 속에 5만 원짜리 지폐밖에 없는데 목이 마르다. 당신은 주저하지 않고 편의점으로 가서 5만 원짜리 지폐를 내고 음료수를 살 수 있을까? 사람은 지폐를 헐고 싶지 않은 심리가 있다. 그래서 뭔가 다른 것을 사야 할 때까지 참는 사람들이 많다.

5만 원짜리 지폐를 쓰면…

돈이 없어져 버릴 것 같은 두려움이 있다.

천 원짜리 지폐를 쓰는 데 저항감이 있는 사람은 거의 없으나 5만 원짜리 지폐의 경우에는 헐고 싶지 않은 마음이 강하다. 그리고 일단 헐어 버리면 돈을 쉽게 써 버린다. 이것은 손해를 보고 싶지 않은 심리인 손실회피편향 때문이다. 이런 사람들의 심리에 판다 선생님은 지폐효과라는 이름을 붙였다.

**실험**

얼마나 지폐를 헐기 싫어하는지 어느 방송 프로그램에서 실험을 했다. 피트니스센터에서 운동을 한 다음, 목이 마른 남녀가 5만 원짜리 지폐를 헐어서 1,500원짜리 음료수를 사는지 실험한 것이다. 지갑에는 5만 원짜리 지폐밖에 없는 상황에서 참가한 남자 4명은 비교적 간단히 휴식 시간에 5만 원짜리 지폐로 음료수를 샀다. 그런데 여성 참가자 4명은 모두 5만 원짜리 지폐를 사용하지 않았다. 지갑을 꺼내 음료수를 보고는 고민하다 결국 참는 여성도 있었다. 이 실험으로 알 수 있듯 지폐효과는 남성보다 여성에게 강하게 작용한다.

**판다 선생님이 알려 주는 심리 활용법**

지폐효과는 남녀 차가 커 남자들은 이해하기 힘들 수도 있어. 하지만 이 심리효과를 잘 활용하면 여성과 좋은 관계를 맺을 수도 있지 않을까. 마음에 있는 여성이 있다면 눈치 빠르게 행동하면 좋을 것 같아. 각자 부담을 해야 할 때도 여성이 지폐를 쓰지 않게 배려하면 좋겠지. 기분 좋게 "이건 내가 낼게."라고 말하는 것도 좋지만, 여성이 5만 원짜리 지폐를 사용하려고 할 때 살짝 잔돈을 내주면 좋은 인상을 줄 것 같아. 100원이나 1,000원이라도 그 효과는 클 거야.

**관련 효과** → 손실회피편향(p.156) → 현상유지편향(p.163)

# 대체보상

우리 주위에는 나쁜 습관을 부추기는 것이 많다. 예컨대 다이어트를 하려고 마음먹었는데 출퇴근이나 통학하는 길에 편의점도 있고 패스트푸드점도 있다. 자신을 통제하기 어려운 환경이다. 다이어트가 건강에도 좋다지만 효과를 보기까지는 시간이 걸리기 때문에 지속하기가 힘들다.

양치질도 대체보상의 하나다.
그 효과보다는…

상쾌한 기분이
양치질에 대한 보상

이럴 때 대체보상을 주면 심리적으로 효과가 있다. 효과가 있을 때까지 오랜 기간이 필요한 경우에는 단기적인 보상으로 대체한다. 무조건 참는 것이 아니라 운동을 했다면 즉시 뭔가 즐거움(보상)을 선물하는 것이다. 그러면 힘든 일도 오래 지속할 수 있다.

**실제**

폭스바겐사는 작은 일도 즐겁게 함으로써 행동을 바꾸는 프로젝트를 실시하고 있다. 스웨덴의 어느 에스컬레이터 옆에는 커다란 계단이 있었으나 이용하는 사람이 없었다. 그래서 계단을 피아노 건반 모양으로 디자인하고 피아노 소리가 나도록 했더니 계단 이용률이 66% 늘었다. 쓰레기를 넣으면 재미있는 소리가 나는 휴지통을 공원에 설치했더니 휴지통에 쓰레기를 버리는 사람이 2배나 증가한 사례도 있다.

다이어트를 위해 운동을 하기로 정했다면 먼저 마음에 드는 운동화와 운동복을 고르는 게 좋아. 근사한 옷을 입고 재미있게 운동하는 것도 하나의 대체보상이 될 수 있거든. 좀 비싸더라도 좋은 걸 사는 거야. 사용하지 않으면 손해라는 마음이 생기도록. 그리고 짧은 기간으로 나눠 자신에게 여러 번 선물을 하는 거야. 그러면 오랫동안 할 수 있어.

# 앵커링 효과

처음에 본(제시된) 숫자나 이미지가 머릿속에 박혀 이후의 판단에 영향을 미칠 때가 있다. 이런 경향을 앵커링 효과(Anchoring Effect) 혹은 앵커효과라라고 한다. 처음에 제시된 숫자가 마치 닻(anchor)을 내린 배처럼 움직이지 못하고 그 숫자에 집착해 버리는 것이다.

앵커(기준점)는 생활에 적당한 리듬을 준다.

앵커링 효과는 매우 강한 작용을 하는 심리 중 하나다. 앵커(기준점)가 되는 숫자는 특별한 것도 있지만, 아무런 의미가 없는 것을 무의식으로 설정하는 경우도 있다. 여러 앵커를 보았다고 해도 처음의 앵커가 가장 강하게 작용한다고 알려져 있다.

**실험**

미국 심리학자이자 행동경제학의 창시자인 대니얼 카너먼과 아모스 트버스키(Amos Tversky) 교수는 다음과 같은 실험을 했다. 실험 참가자들에게 1에서 100까지 적혀 있는 룰렛을 돌려서 나온 숫자를 쓰게 했다. 그런 다음, 유엔에 가입한 국가들 중 아프리카 국가가 차지하는 비율이 몇 %일 거라고 생각하는지 질문했다. 사실 이 룰렛은 '65'와 '10' 어느 한쪽에만 멈추게 되어 있었다. 룰렛이 65에 멈춘 사람들은 45%(평균)라고 대답한 반면, 10에 멈춘 사람들은 25%(평균)라고 대답했다. 룰렛의 숫자는 아프리카 국가가 차지하는 비율과 전혀 관계없는 숫자인데도, 제시된 숫자가 앵커(기준점) 역할을 하여 이후의 판단에 커다란 영향을 준 것이다.

**판다 선생님이 알려 주는 심리 활용법**

자동차나 귀금속 같은 고가 기호품은 가격만 봐서는 비싼지 싼지 잘 모르는 경우가 많잖아. 처음부터 싸게 설정해 놓으면 그 가격이 앵커로 작용하는 경우가 있어. 그러니까 신상품 가격은 너무 싸지 않게 매기는 게 좋아. 새로운 서비스 견적을 낼 때도 마찬가지야. 상품 가격은 예컨대 1,000원에 빨간 선을 긋고 700원으로 고쳐 놓으면 순간적으로 싸다고 느끼는 심리가 작용하거든. 이게 바로 앵커링 효과를 이용한 수법인 거지.

**관련 효과** → 초두효과(p.6) → 대비효과(p.174) → 우수리 효과(p.160)

# 프레이밍 효과

적이 파 놓은 함정이 여러 군데 있어 전쟁을 계속하기 힘든 상황이다.

A 정글로 도망치면 50명이 살아남을 것으로 예상된다.

B 산악지대로 가면 살아남을 확률은 3분의 1이고, 전사할 가능성은 3분의 2이다.

숫자를 보여 주는 방법에 따라 판단 기준이 바뀔 수 있다. 예컨대 위의 문제와 같이, 당신은 병사 150명을 거느리는 부대장이다. 적지에서 한 가지 선택을 해야 한다. 당신은 A와 B, 어느 쪽을 선택할까?

살 수 있다는 말에 이끌린다.

정글과 산악 지대의 위험률은 같아도
보여 주는 방법에 따라 나쁜 상황을 상정할 수도 있다.

위의 질문에서는 압도적으로 A를 선택하는 사람이 많다. A도 B도 확률적으로 살아날 수 있는 인원은 같다. 그런데도 살 수 있다는 이미지가 떠오르는 A를 더 많이 선택한다. 전사 가능성을 제시한 B를 선택하기는 어렵다. 이처럼 제시 방법에 따라 선택이 바뀌는 것을 프레이밍 효과(Framing Effect)라고 한다.

제1그룹의 선택지

A 이 치료법으로는 200명을 살릴 수 있다.

B 이 치료법으로는 600명 중 3분의 1을 살릴 수 있으나, 나머지 3분의 2는 살릴 수 없다.

제2그룹의 선택지

C 이 치료법으로는 400명이 죽는다.

D 이 치료법으로는 600명 중 3분의 1은 죽지 않고, 나머지 3분의 2는 전원 죽는다.

**실험**

대니얼 카너먼과 아모스 트버스키 교수는 실험 참가자를 두 그룹으로 나누고, 같은 문제를 냈다. '무서운 질병이 아시아에 만연해 사망자가 600명 정도 나올 것으로 예측된다. 다음 두 치료법 중 어느 쪽이 바람직하다고 생각하는가?' 실험 참가자에게 생각할 시간을 주지 않고 즉각 대답하게 했다. 그 결과 제1그룹에서는 A를 선택한 사람이 72%였다. 제2그룹에서는 D를 선택한 사람이 78%인 반면, C를 선택한 사람은 22%밖에 되지 않았다. A와 C는 같은 뜻임에도 보여 주는 방법에 따라 선택률이 달라진 것이다.

**판다 선생님이 알려 주는 심리 활용법**

프레이밍 효과는 아주 강하게 작용해. 그러니까 협상할 때나 비즈니스에서 응용하면 좋을 것 같아. 상대가 손해라고 느낄 만한 연출이나 표현만은 꼭 피해야 해. 의사가 말하는 생존율 90%와 사망률 10%는 내용은 같아도 받아들이는 법은 다르거든. 그리고 '20%의 사람들이 하고 있다'고 말하는 것보다는 '5명 중 1명이 하고 있다'고 말하면 이해하기 쉽지. 그러니까 구체적으로 사람을 움직이고 싶다면 이런 표현을 잘 사용하는 게 좋아.

**관련 효과** → 손실회피편향(p.156) → 송죽매 효과(p.172) → 확실성 효과(p.184)

# 송죽매 효과

**송(松)** 15,000원

**죽(竹)** 10,000원

**매(梅)** 5,000원

우리는 경제 상황에 따라 그에 맞는 가격을 선택하고 있는 것 같지만 의외로 그렇지 않을 때가 많다. 예컨대 음식점의 코스 요리에서 'A코스, B코스, C코스' 중에 'B코스'를 선택하는 경우가 많고, '송죽매 코스'일 때는 '죽코스'를 선택하는 심리가 작용한다.

그룹일 경우, '상'을 선택하면
사람들이 화를 낼 것 같다.

'하'를 선택해도
화를 낼 것 같다.

가격을 비교하는 상황에서 사람들은 그 내용을 깊이 생각하지 않고 '중간'을 선택하는 경향이 있다. 이런 경향을 송죽매 효과라고 한다. 보기 좋은 것에 집착하지 않고 가격 대비 좋은 것을 선택하려는 사람이 늘고 있다. 이렇게 실리를 추구하는 사람들은 중간 가격이 가성비가 좋다고 착각한다.

선술집에서 가장 잘나가는 코스

저렴한 곳
· 송 25,000원
· 죽 20,000원
· 매 15,000원

비싼 곳
· 송 60,000원
· 죽 50,000원
· 매 40,000원

**실험**

판다 선생님은 수도권의 음식점(약 100곳)에서 손님에게 인기 있는 코스가 무엇인지 조사했다. 그 결과 2종류의 코스밖에 없는 음식에서는 저가와 고가를 고루 선택하지만, 3종류가 되면 중간 가격의 음식을 고르는 경향이 있다는 것을 알 수 있었다. 그것도 85.7%라는 아주 높은 비율이었다. 지역과 관계없이 저가 음식점의 코스든 고가 음식점의 코스든 중간 가격을 선택했다.

**판다 선생님이 알려 주는 심리 활용법**

선택하기를 바라는 것이 있을 경우

A코스 5만 원
B코스 4만 원

A 코스 좋다~

그보다 위의 코스를 넣어 제안한다.

A코스 6만 원
B코스 5만 원
C코스 4만 원

사람에게는 중간을 선택하는 심리가 있어. 그러니까 팔고 싶은 상품이 있는 경우는 일부러 'A 코스'와 '송'을 만들어 권하는 거야. 팔고 싶은 상품을 '죽'으로 해서 아래와 위의 가격대 상품을 만들면 자연스럽게 가운데의 '죽'을 선택하게 되니까. 특히 단체용 코스 음식은 '실패하고 싶지 않은 마음'이나 '비난받고 싶지 않은 마음'이 강하기 때문에 더욱 그래. 가족이나 친구에게도 이 심리를 응용해 보면 어떨까. 예를 들어 여행 계획을 짤 때도 위와 아래의 선택지를 만들어 제안해 보는 거야.

**관련 효과** → 손실회피편향(p.156) → 프레이밍 효과(p.170)

# 대비효과

비싼 양복을 사러 갔다가 결국 값싼 셔츠와 소품만 쓸데없이 사 버린 적은 없는가? 수십만 원 하는 고가의 옷을 보고 나서 5,000원 하는 상품을 보면 실제보다 싸다고 느낄 수가 있다. 이런 경향을 대비효과(Contrast Effect)라고 한다. 앵커링 효과나 송죽매 효과와 유사한 효과라 할 수 있다.

비싼 것을 본 후에

싼 것을 보면
더 값싸게 느껴진다.

대부분 판매원은 이런 효과를 알고 있기 때문에 처음에는 비교적 비싼 상품을 권하는 일이 많다. 그다음에 싼 상품을 보면 실제보다 싸다고 느낀다. 낭비벽이 있는 사람이라면 값싼 상품부터 보려고 노력하는 것이 좋다.

관련 효과 → 송죽매 효과(p.172) → 앵커링 효과(p.168)

# 아포페니아

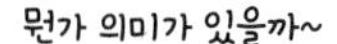

2 3 5 7 8 2 3 9 2
1 3 6 3 9 4 7 3 7
3 8 5 6 3 1 3 4 5
9 2 4 2 4 6 4 9 1

서로 무관한 정보 속에서 의미나 공통성, 연관성을 찾아내려는 심리가 있다. 성서 속에 숨겨진 암호를 찾기도 하고, 역사적인 사건들의 관련성을 찾으려고도 한다. 이런 경향은 구조나 법칙을 풀기 좋아하는 남성이 강하게 갖고 있다. 이렇게 관련성을 찾아내서 믿는 현상을 아포페니아(Apophenia)라고 한다.

2 4 6 4 9 1

사람은 무질서와 의미 없는 것을 싫어하는 경향이 있어서, 뭔가 법칙성을 찾아내 다음을 예상하려고 한다. 복권의 규칙성을 찾아내려는 행위도 이런 심리의 한 흐름이다.

**관련 효과** → 크레쇼프 효과(p.108) → 프라이밍 효과(p.109) → 프레그난츠 법칙(p.110)

# 디폴트 효과

우리는 처음부터 정해져 있는 디폴트(초기 설정)를 쉽게 선택하는 경향이 있다. 일식집의 메뉴도 단품의 가격을 비교하지 않고 주인이 권하는 '모둠 생선회'나 '모둠 꼬치구이'가 이득이라고 생각하고 선택한다.

여러 플랜을 비교해서
조합하는 건 피곤한 일이다.

추천하는 것은 이득이 될 거라는
희망적 관측으로 정하는 경향이 있다.

이런 경향을 디폴트 효과(Default Effect)라고 한다. 상대가 권하는 초기 설정이 더 이득이라고 희망적인 관측을 하는 것이다. 사람에게는 무질서가 싫어 규칙성을 찾아내려는 심리 경향과 함께 뭐든 비교하려는 경향이 있다. 그런가 하면 디폴트가 선택할 만하다고 생각해 버리는 경향도 있다. 사람의 마음은 참 묘한 것 같다.

| | |
|---|---|
| 장기이식 희망자가 많은 나라 | 장기이식 희망자가 적은 나라 |
|  |  |
| 제공을 거부할 경우에 표기한다. | 제공 의사가 있는 경우에 표기한다. |
|  |  |
| 디폴트 그대로 놔두는 사람이 많다(참가에). | 디폴트 그대로 놔두는 사람이 많다(거부에). |

**조사**

세계적 행동경제학자인 듀크대학 댄 애리얼리(Dan Ariely) 교수는 디폴트 효과가 강하게 작용하는 예를 소개했다. 유럽에서는 나라에 따라 사후 장기 제공 의사가 있는 사람의 비율이 크게 다르다. 장기 제공 의사가 높은 나라와 낮은 나라의 차이는 의사 표시 방법에 달려 있다. 본인이 장기 제공을 확실히 거부하고 싶은 경우에만 장기이식을 단념하는 형태를 취하는 나라에서는 '장기이식 의사 있음'이 매우 높은 비율을 보인다.

반대로 장기 제공 의사가 있는 사람이 직접 체크하는 형식을 취하는 나라에서는 압도적으로 낮은 비율을 보인다. 이것은 디폴트 차이로 인해 나타나는 현상이다.

**판다 선생님이 알려 주는 심리 활용법**

원할 경우 필요한 것을 '추가'하는 판매 방식과, 필요 없는 것이 있으면 '삭제'하는 판매 방식이 있어. 이중 압도적으로 매출이 상승하는 건 후자야. 이 효과는 처음에 어떤 디폴트를 설정하느냐가 판매에 중요하다는 것을 가르쳐 주지.

친구와 여행 계획을 짤 때도 기본 계획에 '즐거운 일을 추가'하는 것보다 옵션을 많이 넣은 계획에서 '필요 없는 것을 삭제'하는 쪽이 다채로운 여행 계획을 짤 수 있거든. 이 외에도 다양하게 디폴트 효과를 응용해 봐.

**관련 효과** → 손실회피편향(p.156)

# 샤워효과

백화점은 다양한 판매 전략을 갖고 각 층과 매장을 구성한다. 맨 위층에 음식점을 두고 소비자로 하여금 샤워 물줄기처럼 아래층으로 이동하게 하기도 한다. 또는 위층 행사장을 열어 소비자들을 유인할 수 있는 상품을 배치해 아래층으로 이동하게 하는 구매 동선을 만들기도 한다. 이것을 샤워효과(Shower Effect)라고 한다. 백화점에 온 김에 더 많은 쇼핑을 하게 만드는 전략이라고 할 수 있다.

매력적인 식품 매장을 지하에 모아 두고 아래층에서 위층으로 이동하며 구매 충동을 느끼게 만드는 효과를 분수효과(Fountain Effect)라고 한다.

목적이 있는 사람이 구매할 확률이 높다는 실험 결과도 있다.

소비자의 소비 형태가 다양한 요즘에는 단순한 구조로는 충분한 샤워효과를 기대할 수 없다. 구매자에게 '목적이 있는 장소'가 되는 매력적인 매장이 되는 것이 중요하다.

**관련 효과** → 대비효과(p.174) → 손실회피편향(p.156)

# 이용 가능성

눈에 잘 띄는 것일수록 일어날 확률이 높고 중요한 일이라고 인식하는 경향이 있다. 흉악한 사건이 일어나면 세상에는 흉악한 일뿐이라고 생각한다. 비행기 사고가 보도되면 비행기는 사고가 자주 나기 때문에 위험하다고 생각한다. 이런 경향을 이용 가능성이라고 한다.

눈에 자주 띄면
많이 있다고 생각한다.

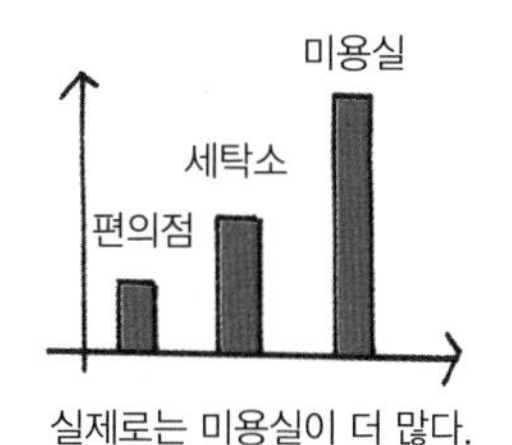


실제로는 미용실이 더 많다.

일본에서 편의점, 세탁소, 미용실 중 어느 것이 많은지 물으면 편의점이라고 대답하는 사람이 많다. 그러나 실제로는 세탁소와 미용실이 훨씬 많다. 세탁소는 편의점의 2배, 미용실은 4배 이상 많다. 평소에 편의점을 자주 가고 점포나 간판, 방송 광고를 많이 보기 때문에 점포 수도 많다고 착각하는 것이다.

**관련 효과** → 대표성(p.182)

# 콩코드 효과

일단 투자를 하고 나면 손해 볼 것을 알면서도 그만두지 못한다. 실패를 인정하기에도 저항감이 생기고 상황이 호전될지도 모른다는 희망을 버리지 못한다. 이런 심리를 콩코드 효과(Concorde Effect) 혹은 매몰비용 효과(Sunk Cost Effect)라고 한다.

계속 투자한다 → 5억 손해
투자를 그만둔다 → 2억 손해

더 큰 손해를 볼 가능성이 있다는 것을 알고 있다.

계속 투자한다 → 5억 손해
투자를 그만둔다 → 2억 손해

그럼에도 한번 투자한 것은 그만두지 못하는 심리가 작용한다.

도중에 포기하는 것이 가장 손해가 적다고 판단되면 빨리 포기해야 한다. 그러나 사람들은 중도 포기라는 선택지를 고르기가 힘들다. 이런 심리는 개인차가 적으며, 매우 강한 심리효과로 작용한다. 이 효과가 특히 강하게 작용하는 사람은 투자가로는 적합하지 않다.

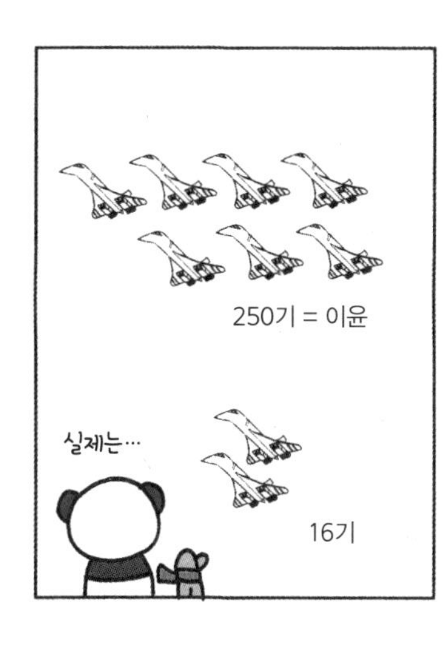


**유래**

영국과 프랑스가 공동 개발한 초음속 여객기 콩코드가 있었다. 사실 이 비행기 개발에는 많은 어려움이 있었다. 비행기를 만들었다고 해도 긴 활주로가 필요한 데다 연료 소모량이 많아 운임이 비싸고 소음 등의 문제가 있기 때문에, 채산이 맞지 않을 것으로 예측됐다.

그러나 이미 거액이 투자된 상황에서 개발을 중단하지 못해 투자 손실이 막대했다. 결과적으로 250기를 양산하려던 계획은 16기를 양산하는 데 그쳤다. 콩코드기 개발이 실패한 후, 실패할 것을 알면서도 그만두지 못하는 심리를 콩코드 효과 혹은 콩코드 오류라 부르기 시작했다.

**판다 선생님이 알려 주는 심리 활용법**

"지금까지 얼마나 많은 돈을 투자했는데, 본전을 찾기 전에는 그만둘 수 없어!"
그동안 투자한 비용이 아까워서 그만두지 못하는 이런 심리가 작용하는 건 비단 투자만이 아니야. 도박이나 인간관계에서도 작용할 수 있지. 이런 심리에서 빠져나가려면 콩코드처럼 되지 않겠다는 강한 의지가 필요해. 단번에 성공을 노리는 것이 아니라 인생 전체에서 손해를 보지 않겠다는 관점이 필요해. 약한 마음에 지지 않고 물러설 줄 아는 용기도 있어야 한다는 이야기지.

**관련 효과** → 손실회피편향(p.156)

# 대표성

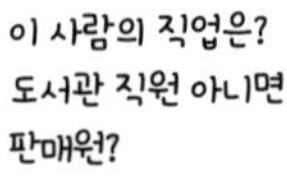

도서관 직원

사람은 사물의 전형적인 모습으로 판단하는 경향이 있다. 가령, 길을 걷고 있는 사람을 무작위로 선택해 그 사람의 직업이 도서관 직원으로 보이는지 아니면 판매원으로 보이는지 물었다고 하자. 선택된 사람이 안경을 끼고 있고 수수해 보인다면 대부분의 사람은 도서관 직원이라고 대답할 것이다.

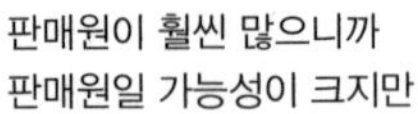

전형적인 모습으로
판단하는 경향이 있다.

확률로 보면 압도적으로 판매원이 많다. 그런데도 사람은 전형적인 모습을 보면 불합리한 판단을 하는 경우가 많다. 이런 경향을 대표성(Representativeness)이라고 한다. 대표성은 경제 활동에서 확률 등을 무시하고 판단하는 오판의 일종이다.

**실험**

대니얼 카너먼과 아모스 트버스키 교수가 고안한 유명한 문제가 있다. '린다는 31세 독신으로, 자기 의견을 솔직하게 말하는 지적인 여성이다. 대학에서는 철학을 전공했고, 학생 시절에는 사회정의 문제에 관심을 갖고 반핵 시위에 참가하기도 했다. 장래에 그녀의 직업으로 어울리는 것은 어느 쪽인가?'라고 질문을 했다. 그런 뒤 왼쪽의 ①과 ②에서 고르라고 하자 80%의 사람이 ②를 선택했다. '여성해방 운동을 하는 은행 창구 직원'도 은행원에 포함되는데도, ①을 선택한 사람이 많지 않았다. 이처럼 상세하게 기술되어 있는 쪽이 전형적이라고 느껴져 ②라는 결론에 도달하기 쉬운 것이 사람 마음이다.

**판다 선생님이 알려 주는 심리 활용법**

사람들은 전형적인 특징의 영향을 받기 때문에 확률을 잘못 이해하기도 해. 예를 들면 해외에서 치사율이 높은 전염병이 발생했다는 소식을 들으면 필요 이상으로 무서워하며 예방하거든. 하지만 그 탓에 다른 병에 대한 예방에 소홀해지기도 해. 해외에서 일어난 전염병보다 독감이나 고혈압이 더 위험할 확률이 높을 수 있잖아. 독감이 유행하면 살균 제품은 사면서도 손을 씻는 일에는 소홀해지지. 확률상 더 위험한 것을 놓치거나 가볍게 생각하지 않아야 하는데 말이야.

**관련 효과** → 스테레오타입(p.92) → 프레이효과(p.170) → 이용 가능성(p.179)

# 확실성 효과

A 5,000원을 받을 수 있는 확률은 100%이다

B 6만 원을 받을 확률은 10%다

위의 A나 B 중 어느 한쪽을 받을 수 있다고 하자. 당신은 어느 쪽을 선택할까? A의 기댓값은 5,000원이므로 A를 선택하면 100%의 사람이 5,000원을 받을 수 있다. 반면 B의 기댓값은 6만 원의 10%니까 6,000원, A를 선택하는 것보다도 1,000원 이득인 셈이다.

대부분은 확실히 받는 쪽을 선택한다.

확률이 높아도
실패했을 때를 생각한다.

594명에게 이런 질문을 했더니 90%의 사람이 A를 선택하는 의외의 결과가 나왔다. B가 이득일 수 있다는 가능성보다는 확실히 받을 수 있는 쪽을 선택한 것이다. 이렇게 손해를 감수하더라도 확실한 것을 선택하는 경향을 확실성 효과(Certainty Effect)라고 한다.

**관련 효과** → 현상유지편향(p.163)

# 하우스 머니 효과

일반적인 경제학에서는 돈을 어떤 방법으로 벌었든 번 돈 10만 원의 가치는 똑같다. 그러나 심리학에서는 어떤 방법으로 벌었는가에 따라 그 돈의 가치가 크게 달라진다. 도박으로 번 돈을 하우스 머니라고 한다. 하우스란 집이 아니고 도박장을 의미한다.

일해서 번 돈과 하우스 머니는 가치가 다르다.

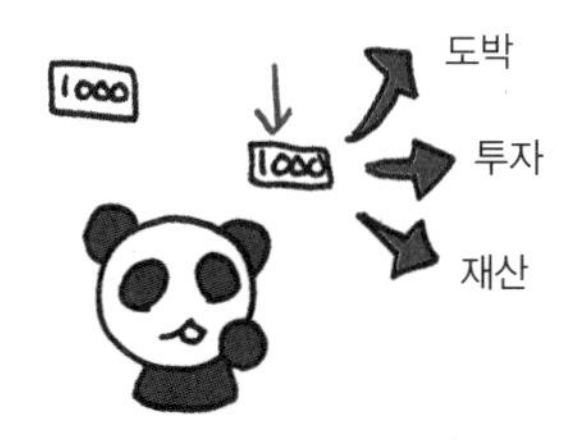


하우스 머니는 손해를 봐도 된다는 생각에 쉽게 써 버린다.

하우스 머니는 힘들게 일해서 번 돈보다 더 가볍게 여기는 경향이 있다. 이를 하우스 머니 효과(House-Money Effect)라고 한다. 하우스 머니는 위험 부담이 높은 투자에 쓰거나 흥청망청 써 버릴 확률이 높다.

**관련 효과** → 현재중시편향(p.162) → 손실회피편향(p.156)

# 편면제시/양면제시

비즈니스 세계에서는 다양한 협상 방법이 있다. 팔아야 할 상품을 설명할 때 상대에게 그 상품의 장점만을 제시하는 것을 편면제시라고 하고, 장점과 더불어 단점도 제시하는 것을 양면제시라고 한다. 장점만 늘어놓는 편면제시보다는 양면제시를 제대로 사용하는 것이 더 효과적일 때가 많다.

편면제시　　　　양면제시

특히 전문지식을 갖춘 상대에게는 단점도 함께 제시해야 신뢰를 얻을 수 있다. 반면 손실회피편향이 강하고 사고가 단순한 상대에게는 편면제시를 하는 것이 효과적이다. 양면제시를 할 때는 장점→단점→장점의 순으로 언급하는 것이 좋다.

**관련 효과** → 앵커링 효과(p.168) → 초두효과(p.6) → 손실회피편향(p.156)

# 매그니튜드 효과

마음에 드는 상품이 비쌀 경우, 일시불로 사면 비싸게 느껴지는 것도 할부로 사면 괜히 싸게 느껴진다. 그래서 비싸다는 감각이 희박해져 그만 구입하는 일이 있다. 지불 금액의 크기에 따라 선택이나 행동이 일관되지 않고 바뀌는 경향을 매그니튜드 효과(Magnitude Effect)라고 한다.

일시불로 살 때는
비싸다는 생각이 들지만

할부로 사면 비싸다는
느낌이 들지 않는다.

우리는 매일 할인과 포인트 적립의 세일즈 프로모션 속에서 살아간다. '할인'과 '포인트 적립' 중 어느 쪽이 구매 동기로 이어지는지를 조사한 결과, 상품 단가가 낮고 할인율과 포인트 적립률도 낮을 때는 포인트 적립 쪽이 매출 효과가 더 큰 것으로 나타났다.

# 부분강화

도박에 빠져 사는 사람이 의외로 많다. 도박에서 헤어나오지 못하는 가장 큰 이유는 부분강화(Partial Reinforcement)라는 심리효과 때문이다. 부분강화란 어떤 행동에 대해 보상이 주어지는 횟수가 확실하지 않으면, 더 보상을 얻으려는 행동을 취하는 데 재미를 느끼는 심리를 말한다.

당첨될지 빗나갈지
알 수 없는 게 매력

도박을 하는 사람은
자기에게 유리한 대로 생각한다.

부분강화 효과는 뇌 속의 호르몬 영향으로 남성에게 강하게 작용한다. 어느 광고 대행사의 조사에 따르면, 도박을 좋아한다고 대답한 남성은 18.7%인 반면 여성은 3.8%에 불과했다. 도박 의존증이 있는 남성의 비율이 여성보다도 6배나 많다는 조사 결과도 있다.

**관련 효과** → 손실회피편향(p.156)

제 6 장

# 다양한 심리효과

· 색채심리
· 발달심리
· 범죄심리

## 색채심리학에서 발달심리학까지

알고 나면 재미있는 색상 관련 심리부터 범죄를 조장하는 심리효과, 운동 경기 전에 활용하면 효과가 있는 행동 등 6장에서는 색채심리와 발달심리는 물론 범죄심리와 운동심리 그리고 일반적이지 않은 심리까지 다양하게 알아보자.

# 용궁성 효과

색상에는 불가사의한 심리효과가 있다. 바로 시간 감각을 마비시키는 심리효과가 그것이다. 빨간색이나 오렌지색 같은 난색 계열 색상을 보고 있으면 시간이 길게 느껴진다. 반면 파란색, 남색, 보라색 같은 한색 계열 색상을 보고 있으면 시간이 짧게 느껴진다.

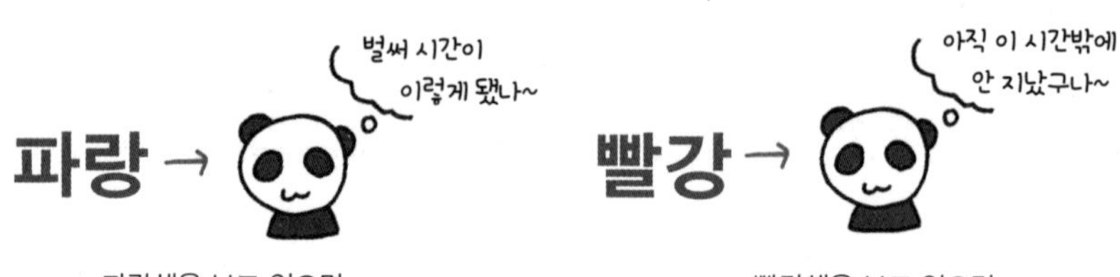


파란색을 보고 있으면
시간이 짧게 느껴진다.

빨간색을 보고 있으면
시간이 길게 느껴진다.

판다 선생님은 이런 심리현상을 용궁성(龍宮城) 효과라고 부른다. 동화 〈우라시마타로(浦島太郎)〉에서 이름을 땄다. 이 동화는 우라시마타로가 바다 속 푸른 세상에 둘러싸여 있는 용궁성에서 놀다 돌아왔더니 정신이 아득할 정도로 시간이 흘러 있었다는 이야기다. 푸른 세상에 있다 보면 체감 시간보다 실제 시간이 훨씬 빠르게 흐른다.

**연구**

기업이나 대학에서는 색상과 심리에 대한 연구 결과를 반영하여 목적에 맞는 색상으로 실내를 꾸미는 경우가 많다. 대기실로 쓰는 방에서 시간이 빨리 가는 것처럼 느껴지는 차가운색 계열 색상을 사용하기도 하고, 소통 능력을 높이고 창의성을 발휘해 새로운 아이디어를 내야 하는 회의실에는 파란색을 사용하기도 한다.

밝고 열정적인 오렌지색이나 붉은색은 활동적인 기분을 이끌어낼 수 있어 영업부 등에 어울린다. 벽은 흰색이나 오프화이트(약간 회색이나 황색을 띤 흰색)라는 고정관념을 깨고 다양한 색상을 실험적으로 사용해 용궁성 효과를 검증하고 있다.

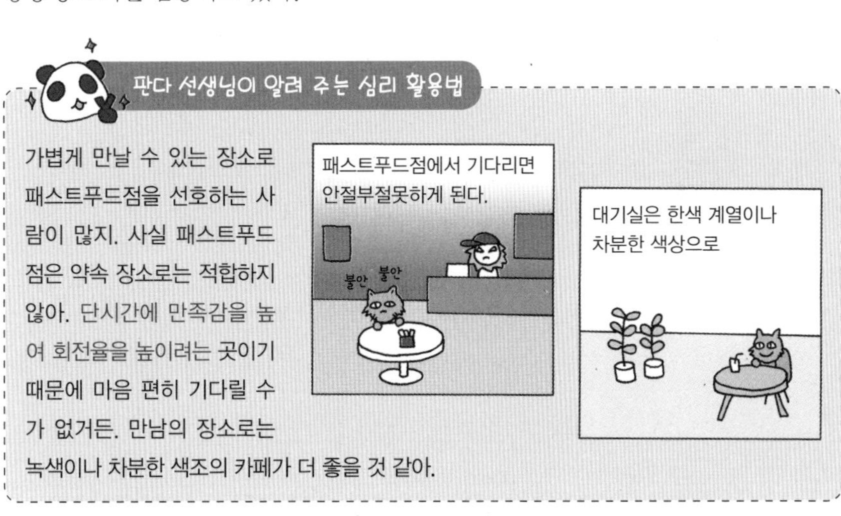


가볍게 만날 수 있는 장소로 패스트푸드점을 선호하는 사람이 많지. 사실 패스트푸드점은 약속 장소로는 적합하지 않아. 단시간에 만족감을 높여 회전율을 높이려는 곳이기 때문에 마음 편히 기다릴 수가 없거든. 만남의 장소로는 녹색이나 차분한 색조의 카페가 더 좋을 것 같아.

**관련 효과** → 진출색 효과/후퇴색 효과(p.192) → 색의 중량감(p.193) → 색의 숙면효과(p.194)

# 진출색 효과/후퇴색 효과

색상에 따라서는 앞으로 튀어나와 보이는 색이 있는가 하면 뒤로 물러나 보이는 색이 있다. 일반적으로 빨간색이나 주황색 같은 따뜻한 색상의 명도와 채도가 높은 색(밝은 색, 선명한 색)은 앞으로 나와 보인다. 반대로 파란색이나 남색 같은 한색 계열의 명도와 채도가 낮은 색(어두운 색, 칙칙한 색)은 후퇴해 보인다.

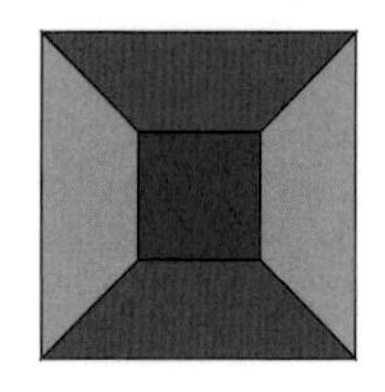

난색 계열은 앞으로 나와 보이는 경향이 있다.

파란색 차는 실제 위치보다 뒤에 있는 것처럼 보인다.

이런 색상효과를 진출색 효과, 후퇴색 효과라고 한다. 예를 들어 난색 계열의 방보다도 한색 계열의 방이 넓어 보인다. 파란색 차와 빨간색 차가 같은 위치에 있다면 파란색 차가 약 7m나 뒤에 있는 것처럼 보인다. 파란색 차는 실제 위치보다 멀리 느껴지기 때문에 사고율이 높다는 조사 결과도 있다.

※이런 경향은 심리효과만이 아니라 눈의 기능적인(색상 굴절률) 영향도 크다.

**관련 효과** → 용궁성 효과(p.190) → 색의 중량감(p.193) → 색의 숙면효과(p.194)

# 색의 중량감

색상에 따라 체감으로 느끼는 무게가 다르다. 일례로 흰색 상자와 검은색 상자의 무게는 다르게 느껴진다. 이와 관련한 한 실험에서는 참가자들이 100g인 검은색 상자와 187g인 흰색 상자의 무게가 같다고 느꼈다고 한다. 흰색은 심리적으로 가볍게 느껴지는 색이라면 검정은 무겁게 느껴지는 색이다. 이것을 판다 선생님은 색의 중량감이라고 부른다.

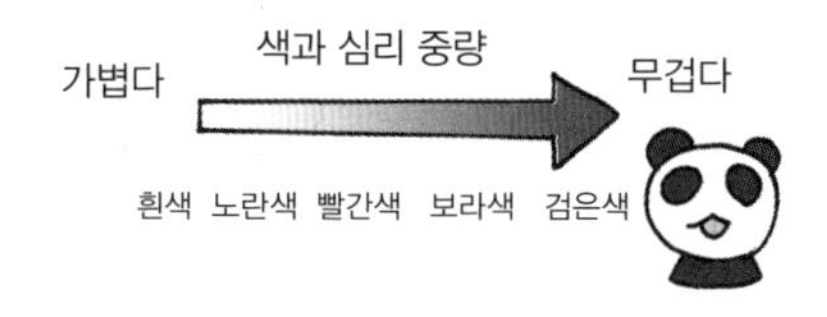

금고는 검은색이 어울린다.

만약 소형 금고가 흰색이면 심리적으로 가볍게 느껴져 들고 도망칠 수도 있다. 검은색이나 진한 녹색 등 묵직해 보이는 색은 심리적으로 안심된다. 반대로 이삿짐용 골판지 상자는 검은색보다는 흰색이 심리적인 부담이 적어서 좋다.

**관련 효과** → 스테레오타입(p.92) → 용궁성 효과(p.190) → 진출색 효과/후퇴색 효과(p.192)
→ 색의 숙면효과(p.194)

# 색의 숙면효과

파란색에는 진정 작용이 있어 바라보고 있으면 차분해지는 효과가 있다. 또한 마음과 몸의 회복력을 높이고, 악몽을 경감하는 효과가 있는 것으로 알려져 있다. 혈압과 색채의 영향을 알아보는 실험에서는 고혈압을 낮추는 효과도 확인되었다고 한다.

파란색에는 진정 효과가 있다.

빨간색은
흥분(각성) 작용을 한다.

파란색 잠옷과 이불은 숙면에 도움이 되는 것으로 알려져 있다. 그 이유는 파란색에는 색의 숙면효과가 있기 때문이다. 그러니까 잠을 잘 못 자는 사람은 파란색을 보거나 파란색 옷을 입으면 좋다. 반대로 아침에 잘 일어나지 못할 때나 잠을 자면 안 될 때는 빨간색 옷을 입거나 빨간색을 보는 것이 좋다.

**관련 효과** → 용궁성 효과(p.190) → 진출색 효과/후퇴색 효과(p.192) → 색의 중량감(p.193)

# 퍼킨제 효과

밝은 곳에서는 빨간색이 눈에 잘 띈다. 반대로 날이 저물면 빨간색은 눈에 잘 띄지 않지만, 파란색이 밝게 보여 멀리까지 보인다. 이런 현상을 체코의 생리학자 퍼킨제의 이름을 따서 퍼킨제 효과(Purkinje Effect)라고 한다.

밝은 곳에서는 빨간색이 잘 보인다.

어두워지면 파란색의 감도가 올라간다.

이것은 눈의 시세포에 있는 간상세포의 영향으로, 암순응일 때와 명순응일 때 최고 시감도에 차이가 나기 때문에 생기는 현상이다. 밝은 곳에서는 빨간색이 최고 시감도가 되지만, 어두워지면 파란색으로 이동한다.

**관련 효과** → 암순응(p.100) → 명순응(p.101)

# 베이비 스키마

큰 머리와 둥근 뺨, 커다란 눈과 작은 코. 전체적으로 얼굴의 아래쪽에 눈코입이 자리 잡은 아기 얼굴은 본능적으로 귀엽다고 느껴지게 만드는 중요한 요소다. 이런 아기 얼굴의 특징을 베이비 스키마(Baby Schema)라고 한다.

이목구비가 얼굴 아래쪽에 몰려 있다.

아기에게는 본능적으로 귀엽다고 느껴지는 요소가 많다.

아기의 '귀여움'은 지켜 주고 싶은 보호욕구를 자극하기 때문에 상업적으로 활용되는 경우가 많다. 인기 있는 캐릭터들을 보면 베이비 스키마 요소를 도입해 사람들이 본능적으로 좋아하게끔 만들었다. 만화 영화 캐릭터의 커다란 눈동자 역시 본능적으로 귀엽다고 느끼도록 만든 것이다.

# 사이킹업

야구나 배구 같은 단체 경기에서 선수들이 시합 전에 둥글게 둘러서는 모습을 볼 수 있다. 선수들의 이런 행동은 의사 통일뿐만 아니라 의식을 고양시키는 효과가 있다. 이를 사이킹업(Psyching Up)이라고 한다. 워밍업이 몸의 준비라면 사이킹업은 마음의 준비인 셈이다. 열심히 뛰기 위해 긴장 상태로 돌입하는 스위치 역할이라 할 수 있다.

원형으로 둘러서면 연대감이 높아지고
긴장 상태가 되는 효과가 있다.

전쟁의 함성도 사이킹업

전쟁에서 병사들이 싸움 전에 함성을 지르는 것도 사이킹업의 하나다.

# 깨진 유리창 이론

깨진 유리창을 방치한 건물은 관리가 허술해 보인다. 그러면 사람들이 낙서를 하거나 불법 침입하는 일이 늘어 건물은 점점 황폐해진다. 깨진 유리창처럼 사소해 보이는 일을 방치하면 그 지점을 중심으로 문제가 확산되는 현상을 깨진 유리창 이론(Broken Windows Theory)이라고 한다.

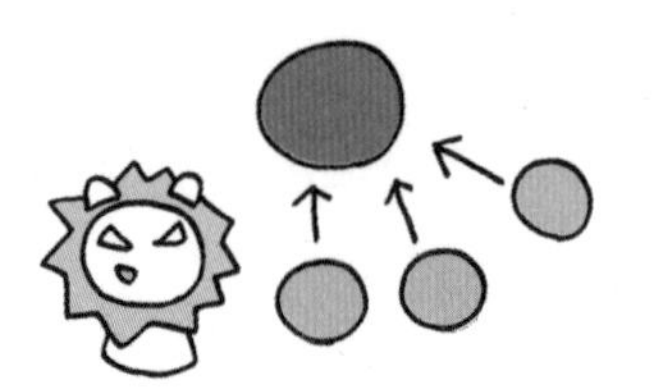

작은 범죄가 큰 범죄로 이어진다.

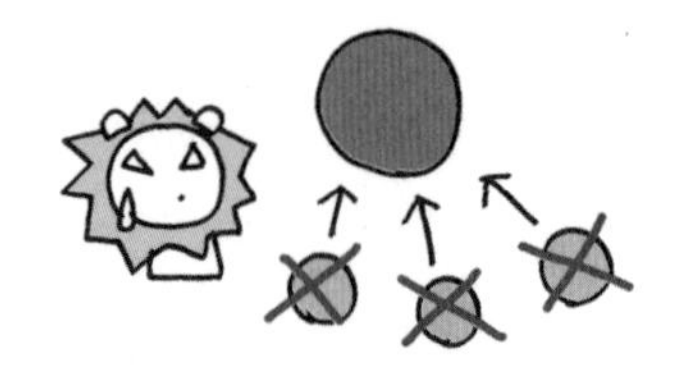

작은 범죄 단계에서 막으면
큰 범죄를 막을 수 있다.

높은 흉악 범죄율로 고민하던 루돌프 줄리아니(Rudolph Giuliani) 뉴욕 시장은 깨진 유리창 이론을 도입했다. 이에 따라 뉴욕 교통국이 건물의 모든 낙서를 5년에 걸쳐 지운 결과 놀랍게도 흉악 범죄율이 크게 줄었다. 그 후 지속적인 경범죄 단속으로 범죄 발생률이 대폭 줄어, 뉴욕은 미국 최대의 범죄 도시라는 오명을 씻을 수 있었다.

# 신데렐라 콤플렉스

어른이 되어서도 백마 탄 왕자가 자신을 맞으러 와 주지 않을까 꿈꾸는 여성이 있다. 이런 심리를 신데렐라 콤플렉스(Cinderella Complex)라고 한다. 그런 여성의 마음 밑바닥에는 남성에 대한 의존 성향과 실패하지 않겠다는 강한 손실회피편향이 있다.

마음 밑바닥에는
남성에 대한 강한 의존 성향과

손실회피편향이 있다.

어렸을 때부터 여자의 행복은 남자에게 달려 있다고 믿고 남성에게 높은 이상을 추구했지만, 체념하고 평범한 결혼을 한 여성일수록 자주성을 잃는 경향이 있다. 손실회피편향이 높아지는 현대에는 이런 여성이 증가하고 있다.

**관련 효과** → 잠재의식(p.69) → 손실회피편향(p.156) → 정체성(p.74)

# 피터팬 신드롬

자존심이 강하고 대담해 보이지만, 마음이 여리고 겁이 많아 쉽게 상처받는 남자가 있다. 몸은 성장해 어른인데 어린아이 같은 언행을 하는 남성은 피터팬 신드롬(Peter Pan Syndrome, 피터팬 증후군)일 수도 있다.

예를 들면
이런 특징이

- □ 어린이용 애니메이션을 좋아한다.
- □ 어린 아이 상태로 있었으면 좋겠다고 생각한다.
- □ 책임감이 없고, 자신의 잘못을 사과하지 않는다.
- □ 자신과 다른 의견을 받아들이지 못한다.
- □ 흥미가 있는 일 말고는 관심이 없다.
- □ 일에 대한 불만이 많다. 그런데도 개선하려고 노력하지는 않는다.

미국의 심리학자 댄 카일리(Dan Kiley)가 제창한 인격 장애의 하나다. 심리학의 정식 용어는 아니지만, 어른이 되지 못한 '어른아이'를 가리키는 말로 사용되고 있다. 무책임하고 불안감이 강하고 고독감을 갖고 있는 등의 증상이 있다. 최근 이런 성향의 남성이 증가하고 있다.

관련 효과 → 정체성(p.74)

# 라쇼몽 효과

大
심리효과

中
개인차

똑같은 사건을 놓고도 사람마다 서로 다른 주장을 하는 일이 있다. 사실은 하나인데, 각자의 입장에 비추어 본질 자체를 다르게 인식하면 진실에 이르지 못하게 된다. 이것을 라쇼몽 효과(Rashomon Effect)라고 한다.

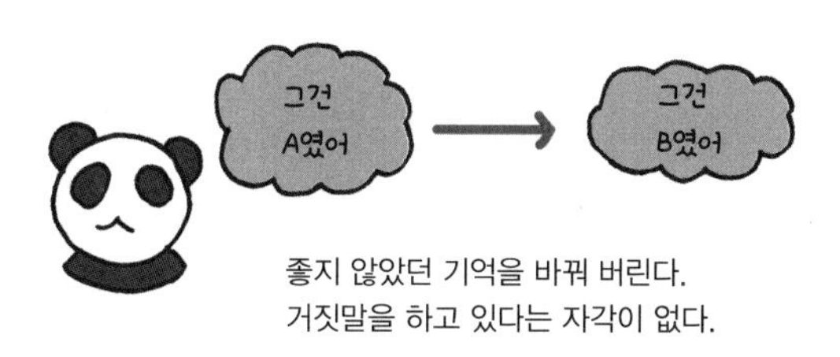


좋지 않았던 기억을 바꿔 버린다.
거짓말을 하고 있다는 자각이 없다.

라쇼몽 효과는 일본의 영화 거장 구로사와 아키라가 1950년 찍은 영화 〈라쇼몽(羅生門)〉에서 유래한 용어다. 이 영화는 살인 사건의 피해자와 가해자의 각기 다른 증언을 듣는 내용으로 이루어져 있다. 라쇼몽 효과는 의식적으로 거짓말을 하는 것이 아니라, 자기 상황에 맞춰 기억하고 싶은 것만을 기억하기 때문에 일어나는 현상이다. 똑같은 사건이라도 관점의 차이에 따라 해석이 달라질 수 있다.

# 뮌하우젠 증후군

中 심리효과

大 개인차

자신의 수고를 인정받고 싶거나 타인의 관심을 끌기 위해 자신이 놓인 상황을 과장해서 이야기하는 사람이 있다. 이것이 심해지면 스스로 환자가 되어 주위 사람이나 의사에게 동정이나 관심을 받으려고 한다. 이런 현상을 뮌하우젠 증후군(Münchausen Syndrome)이라고 한다.

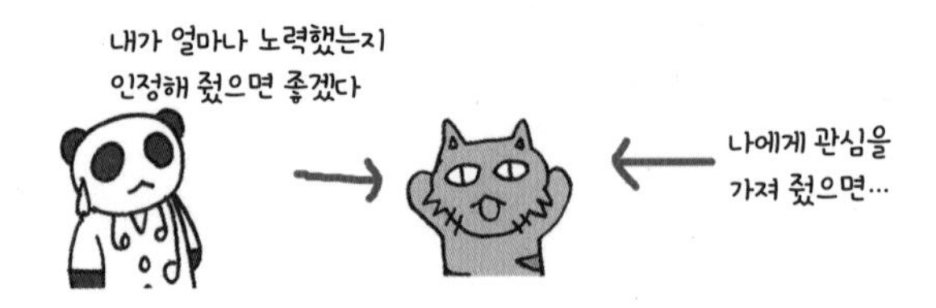


인정욕구가 너무 강해 마음의 상처를 입거나 자녀를 학대하는 경우가 있다.

증상이 심해지면 아이에게 약물을 투여한 뒤 병에 걸린 아이를 헌신적으로 돌보면서 동정을 구하기도 한다. 이런 행위를 대리 뮌하우젠 증후군(Münchausen Syndrome by Proxy)이라고 한다. 이 증후군을 가진 사람은 의학 지식이 풍부하고 약삭빠르다. 중병을 앓는 아이를 가진 부모로서 주위의 관심을 끌어 정신적 만족을 얻으려는 일종의 아동학대인 셈이다.

관련 효과 → 인정욕구(p.8)

# 스톡홀름 증후군

유괴나 감금 사건의 피해자는 범인을 미워하는 게 당연하지만, 피해자가 범인에게 동정하거나 호감을 갖는 일이 드물게 있다. 이런 증상을 스톡홀름 증후군(Stockholm Syndrome)이라고 한다. 1973년 스톡홀름에서 일어난 은행 강도 사건에서 인질이 범인을 동정한 나머지, 증언을 거부했다고 한다. 이 사건에서 스톡홀름 증후군이라는 이름이 유래했다.

- 폐쇄 공간
- 비일상
- 긴박한 시간

특수한 상황에서는 범인에게 동정하거나 공감하는 감정이 생길 수 있다.

범인과 인질이 폐쇄 공간(극한 상황)에서 장시간 비일상을 공유하면, 범인에게 심리적으로 공감하거나 연민과 같은 긍정적인 감정을 느낄 수가 있다. 사람은 극한 상황에 빠지면 합리적인 판단을 하기 위해 뇌가 착각을 한다(살아남기 위해 범인을 따른다)는 설도 있다.

# 무기력 증후군

어떤 일에 몰두하던 사람이 돌연 의욕을 상실하여 목적을 잃게 되는 경우가 있다. 가벼운 증상은 많은 사람이 경험하지만, 장기간 계속돼 심해지면 무기력 증후군이 아닌지 의심해 봐야 한다. 무기력뿐 아니라 불안과 자기비하, 불면증, 두통 등 여러 증상을 동반하기도 한다.

재수생에게는 이런 반응이 있다!

- □ 약속이나 이름을 잊는 일이 잦다.
- □ 웃는 시간이 줄어든 것 같다.
- □ 만나고 싶지 않은 사람이 있다.
- □ 자발적 활동이 줄었다고 느낀다.
- □ 마감에 늦는 일은 절대로 용서할 수 없다.
- □ 두통, 불면증 등이 있다.

뭔가 해냈지만, 계속할 목표가 없어지거나 그에 상응한 대가가 없을 때 주로 생기는 증상이다. 성취하기 전에 과도한 스트레스로 인해 마음이 무너지는 경우도 있다. 특히 책임감이 강한 사람은 무리하게 자신을 몰아세우다 보면 최종 목표를 기다리지 못하고 의욕을 잃을 수도 있다.

# 신의 눈 효과

大
심리효과

中
개인차

시골의 한적한 논길에 페트병이나 플라스틱 쓰레기를 버리는 일이 계속되자, 폐기물 수집 회사가 작은 토리이(鳥居: 신사 입구에 세우는 기둥 문)를 설치했더니 무단투기하는 일이 크게 줄었다. 감시카메라를 설치해도 효과가 없었는데 토리이는 즉각적인 효과를 보였다. 왜 이런 현상이 일어났을까?

신을 믿지 않는 사람도 (벌을 받기 싫어) 토리이가 있는 곳에는 쓰레기를 버리지 않는다.

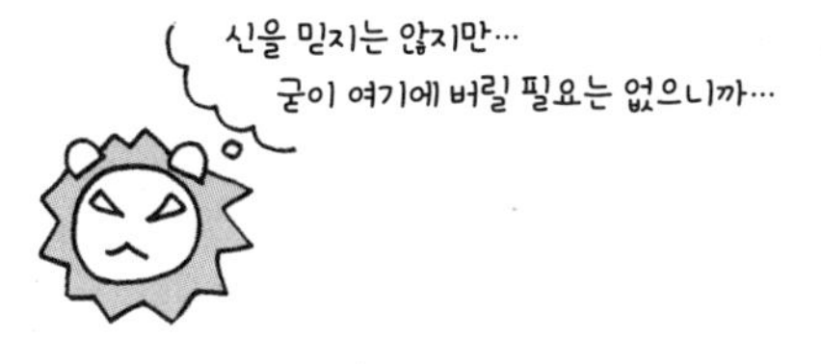


토리이를 세우니 무단투기가 줄어든 것은 사람들이 벌을 받을까 두려워했기 때문이다. 신의 힘을 자기 식으로 믿어, 무단투기를 하면 벌을 받지 않을까 생각한 것이다. 나쁜 일을 하려고 하면 누군가 보고 있는 듯한 기분이 드는 현상을 판다 선생님은 신의 눈 효과라고 부르기로 했다.

**관련 효과** → 손실회피편향(p.156)

6 다양한 심리효과

# 소속욕구

사람은 동물과 달리 날카로운 발톱도 이빨도 없고 발이 빠르지도 않다. 그래서 우리 조상은 무리를 지어 힘을 합치는 길을 선택했고 이것이 여러 세대에 걸쳐 반복되면서 친화성 심리가 강해졌다. 개인차가 있긴 하지만, 사람에게는 집단에 소속되기를 원하는 강한 소속욕구가 있다.

무리에 소속되지 않아도
상관없다고 말하는 사람도 있긴 하지만,
소속을 바라는 사람이 대부분이다.

소속욕구는 아주 강해서 소속되지 못한 사람의 소외된 아픔은 매우 크다. 2003년 〈사이언스〉지에 게재된 연구에 따르면, 인간은 사회적으로 소외되었을 때 신체적인 통증을 느낄 때와 같은 뇌 부위가 움직인다고 한다. 소외시키는 당사자도 마찬가지로 몸의 통증과 유사한 뇌 부위가 움직인다고 한다. 따돌리는 행위는 시키는 쪽도, 당하는 쪽도 신체적인 통증과 같은 아픔이 동반한다는 것을 알아야 한다.

제 7 장

# 심리학을 연구한 사람들

## 심리학은 누가 만들었을까?

심리학이 학문으로서 체계가 잡힌 것은 최근 일이지만, 심리학 도구 자체는 고대 그리스로 거슬러 올라간다. 또한 고대 이집트 시대에도 심리학적 사고가 존재했다. 7장에서는 심리학을 깊이 있게 이해하기 위해 주요 흐름과 저명한 심리학자들에 대해 살펴본다.

# 플라톤(Platon)

고대 그리스 철학 시대
(기원전 427 ~ 347년)

정확히 언제 심리학이 탄생했는지는 단정하기 어렵지만, 마음을 이론적으로 연구하려 한 것을 심리학의 시작이라고 본다면 고대 그리스 시대까지 거슬러 올라간다. 이 시대의 심리학이란 바로 철학이었다. 소크라테스의 제자였던 플라톤은 마음과 몸은 별개이며, 죽은 후에도 마음은 이데아(Idea, 본질)로 남는다고 생각했다. 그리고 현실 세계에 있는 개념은 모두 그림자로 이해했다.

또한 플라톤은 이성이 기개(氣槪, 꺾이지 않는 마음)와 욕망을 통제한다고 생각했는데, 이를 영혼의 삼분설(三分說)이라고 한다.

# 아리스토텔레스 (Aristoteles)

고대 그리스 철학 시대

(기원전 384 ~ 322년)

아리스토텔레스는 자연학, 논리학, 생물학, 심리학, 정치학, 예술학 등 다방면에 걸친 방대한 연구로 '만학의 시조'로 불린다. 알렉산더 대왕의 가정교사였다는 일화도 있다. 스승인 플라톤의 이데아론을 비판하고 현실을 객관적으로 인식하려고 했다. 또한 사람의 마음을 이론적으로 연구한 철학자이기도 했다. 그는 저서 《영혼론》에서 시각과 색상, 청각 같은 인지적인 것은 물론 수동적 이성, 사고력과 이성 등 현대 심리학에서 다루는 주제를 언급했다.

# 르네 데카르트(Renë Descartes) VS 존 로크(John Locke)

생득관념설 VS 경험론

르네 데카르트 (1596～1650년)

존 로크 (1632～1704년)

프랑스 철학자이자 수학자인 데카르트는 인간에게는 물질(몸)과 정신(마음)이라는 서로 독립된 두 개의 실체가 있으며, 이 두 실체는 교차하지 않는다는 실체이원론(심신이원론)을 주장했다. 사람은 태어나면서 경험을 초월하는 지식을 갖추고 있다는 생득관념설이라는 이론도 제창했다.

반면 영국의 로크는 데카르트의 생득관념설을 비판하고, 사람은 원래 백지 상태로 태어나며 모든 관념은 경험에 의해 습득된다는 경험론을 주장했다.

# 빌헬름 분트
# (Wilhelm M. Wundt)

근대 심리학의 창시자

(1832 ~ 1920년)

1879년 분트는 독일 라이프치히대학에서 심리학 실험실을 개설했다. 그러자 분트에게 심리학을 배우려고 유럽, 미국, 일본의 연구자들이 모여들었다. 이 실험실에서 '심리학'이라는 새로운 학문이 탄생했다. 분트는 내관법(內觀法)이라는 방식으로 실험 참가자에게 자극을 가하고 참가자의 사고를 조사했다. 그는 조사 내용을 바탕으로 의식에 나타나는 요소를 분석한 후, 의식이 다양한 요소로 구성된다는 구성주의를 주장했다.

분트의 구성주의는 많은 연구자로부터 비판을 받았다. 이후 심리학은 20세기 심리학의 3대 조류인 행동주의 심리학, 형태주의 심리학, 정신분석학으로 확장되었다.

# 윌리엄 제임스 (William James)

의식의 흐름 이론

(1842 ~ 1910년)

제임스는 분트의 실험심리학을 접한 후 과학적인 '마음' 연구에 참여했다. 1875년, 미국에서 처음으로 실험실을 설립하고 독일의 실험 방식을 미국에 도입하여 미국 심리학의 아버지라 불린다. 분트의 정적이고 요소적인 의식에 대한 반론을 제기하며 사람의 의식은 동적인 이미지나 개념이 끊어지지 않고 연속된다는 의식의 흐름(Stream of Consciousness) 이론을 주장했다. 의식은 항상 진화하는 일련의 흐름이라는 점을 강조한 것이다. 이후 제임스는 생리학만으로 사람의 정신 상태를 설명하는 것에 의문을 갖고 철학의 길에 들어선다.

# 이반 파블로프
# (Ivan P. Pavlov)

조건 반사
(1849 ~ 1936년)

러시아 생리학자인 파블로프는 종을 울리고 나서 개에게 먹이를 주는 실험을 반복한 결과, 나중에는 종을 울리기만 해도 개가 침을 분비한다는 사실을 알게 되었다. 이것이 그 유명한 파블로프의 개 실험이다. 이처럼 후천적으로 형성되는 반사를 조건반사라고 한다. 개의 조건반사 실험은 행동주의 심리학의 발전에 커다란 영향을 주었다. 행동주의 심리학은 사람의 행동을 객관적으로 연구한 존 왓슨이 제창한 이론이다.

# 존 왓슨
# (John B. Watson)

행동주의 심리학
(1878 ~ 1958년)

왓슨은 심리학의 목적이 행동 예측과 조절이라고 주장하면서, 정신분석을 중심으로 하는 비과학적 실험심리학에 반대했다. 실험은 객관적으로 관찰 가능한 것을 대상으로 해야 한다며 행동주의 심리학을 제창했다. 왓슨은 파블로프의 영향을 받아 행동의 단위는 자극과 반응의 결합에서 나온다고 생각했다.
왓슨의 생각은 '인간의 행동은 근육과 분비선(샘), 내장의 기계적인 반사'라는 극단적인 주장으로 이어져, '의식이 없는 심리학'이라는 비판을 받았다. 급기야 1921년 불륜 문제까지 겹쳐 설 자리가 없어지자 사업가(광고업)로 전환했다.

# 지그문트 프로이트 (Sigmund Freud)

정신분석학
(1856 ~ 1939년)

오스트리아의 정신과 의사이자 정신분석학의 창시자인 프로이트의 이론은 지금도 다양한 분야에 영향을 주고 있다. 사람의 행동에는 자신이 의식하지 못하는 '무의식'이 영향을 미친다고 생각했고, 이를 마음의 구조 해명과 치료에 응용했다. 당시 학회는 프로이트의 이론을 받아들이기보다 그를 이단아로 취급했다.

프로이트는 무의식을 알 수 있는 수단으로 꿈을 분석함으로써 사람의 마음속을 파헤치려고 했다. 프로이트가 주장한 많은 학설에 과학적인 근거가 더해지면서, 그의 정신분석학은 오늘날 심리 상담의 기초로 사용되고 있다.

# 칼 융
# (Carl G. Jung)

분석심리학

(1875 ~ 1961년)

스위스의 정신과 의사이자 분석심리학의 창시자인 융은 취리히대학 부설 정신병원에서 오이겐 블로일러(Eugen Bleuler)와 함께 일했다. 그 후 개업한 융은 프로이트의 저서 《꿈의 해석》에 영향을 받아 프로이트 정신분석학파의 핵심 인물로 활동했다. 하지만 프로이트와 의견이 달랐던 융은 프로이트 이론에 두 종류의 무의식이 있다는 해석을 덧붙여 분석심리학을 제창하기에 이른다. 보편적인 무의식에 콤플렉스라는, 개인마다 다른 후천적인 무의식이 존재한다는 것이 융의 이론이다. 융은 역사와 종교에도 관심을 두고 심리학의 테두리를 넘어 영과 혼의 영역까지 발을 들여놓았다.

# 알프레드 아들러 (Alfred Adler)

개인심리학
(1870 ~ 1937년)

오스트리아의 정신과 의사이자 심리학자인 아들러는 의학을 공부했으나 프로이트의 권유로 정신분석학 연구에 참가했다. 프로이트와 함께 국제정신분석협회 설립에 힘을 쏟았으며 의장으로 취임했다.

처음에는 프로이트의 정신분석에 흥미를 보였으나, 프로이트의 성욕설에 반기를 들었다. 사람을 움직이는 것은 열등감의 극복과 우월성의 추구라고 생각한 아들러는 정신의 내부보다도 대인관계에 주목한 실천적인 개인심리학(아들러 심리학)을 창시했다. 아들러의 개인심리학은 어린이의 자립과 사회성 발달을 위한 연구, 고령자 돌봄 분야에서 널리 활용되고 있다.

# 막스 베르트하이머 (Max Wertheimer)

형태주의 심리학

(1880 ~ 1943년)

체코에서 태어나 독일 베를린대학에서 심리학을 공부한 베르트하이머는 1912년 《운동시(運動視)의 실험적 연구》를 발표했다. 운동시란 점멸하는 빛의 시각 자극을 짧은 시간 간격으로 하면 빛이 움직이는 것처럼 보이는(물리적으로 실재하지 않는 운동을 지각한다) 현상(가현 운동)을 가리킨다. 형태주의 심리학(게슈탈트 심리학)은 여기서 출발한다. 게슈탈트란 원래 '전체성을 가진', '형성된'을 뜻하는 독일어다. 간단히 '패턴' 또는 '형태'라고도 한다. 인간의 정신은 부분이나 요소의 집합이 아닌 전체성과 구조가 중요시되어야 한다는 생각이다.

판다 선생님과 펭귄 코펜의 그 후

근데, 왜 판다 선생님은 저에게 이렇게 많은 걸 가르쳐 주신 거예요?
실은 일본에 처음으로 판다가 왔을 때, 판다를 보내 준 답례로 펭귄을 중국에 보냈는데
헤에
그 펭귄이 코펜 할아버지였거든.
고마워~
아니오. 제가 감사하지요~
할아버지도 코펜이 황제펭귄이나 바위뛰기펭귄이 되지 않아서 다행이라고 생각할 거야.
이제 코펜은 어떻게 할 거야? 아빠한테 돌아갈 생각?
돌아갈까… 근데 돌아가고 싶지 않은 마음도 있어서…
난 이 아이에게 심리학을 가르쳐서 동물원 인기 판다로 만들어야 하는 임무가 남아 있어.
판다 선생님은 앞으로?

난
코펜과
놀고
싶은데!
그런 말 하면
돌아갈 수
없잖아…
아,
어떻게
하지~
큰일났다
큰일났어!
동물의 고령화,
저출산화로
이대로 가다간
동물원 존속 자체가
위기를 맞게 된다고
원장이…
글쎄,
그 효과를
이용해
볼까.
선생님,
이럴 땐
어느
효과가…
나한테
맡겨!
코펜의 모험은
아직 끝날 것 같지 않다.
그리고 앞으로
또 다른 일이…
하지만 그건 그때 이야기…

## 마치는 말

사람의 마음은 매우 복잡합니다. 하지만 심리학을 알면 사람의 행동 원리나 감정을 파악할 수 있습니다. 대인관계에서 일어날 수 있는 문제를 피할 수 있을 뿐 아니라 보다 좋은 인간관계를 구축하는 데도 도움이 됩니다. 심리학을 알면 몰랐던 그전과는 완전히 다른 세상을 만나게 될 것입니다.

이 책에서는 주요 심리효과를 설명했습니다. 심리효과 중에는 개인차도 있어 자신에게 적용하기 어려울 수 있습니다. 개인차가 큰 것은 '개인차 大'라고 아이콘을 붙여 두었습니다. 심리효과가 '大'이고 개인차도 '大'인 것은 심리효과가 강하고 반응의 크기도 많이 다를 수 있습니다. 또한 심리효과가 '大'이고 개인차가 '小'인 것은 많은 사람에게 해당되므로 개인의 반응에 차이가 작을 것입니다.

모든 효과가 학술적으로 인정받은 것은 아닙니다. 실험에 의해 입증된 것도 아닙니다. 명칭이 일반적이지 않은 것도 있습니다. 자신에게 '해당되건', '해당되지 않건' 심리 경향을 알고 활용해 원활한 인간관계를 만들기 바랍니다. 그리고 자기 자신을 아는 데도 도움이 되었으면 좋겠습니다.

포포 포로덕션

포포 포로덕션(PAWPAW Poroduction)

'감동으로 사람의 마음을 움직이는 재미있는 책을 만들자'는 철학으로, 즐기면서 배울 수 있는 콘텐츠를 기획하고 있는 곳이다. 색채심리와 인지심리를 전문으로 연구하여, 심리학을 활용한 상품 개발과 기업 컨설팅도 하고 있다.

저서로는 《디자인을 과학한다》, 《만화로 읽는 색채심리 1~2》, 《만화로 읽는 재미있는 심리학》, 《써먹는 심리학》, 《만화로 읽는 생생 연애심리학》, 《만화로 배우는 게임 이론》, 《당장 써먹자! 왕따 탈출 심리학》, 《색채와 심리의 잡학사전》 등이 있다.

나를 알고 너를 알게 되는 생활 심리

**심리학 도감**

2019. 1. 24. 1판 1쇄 발행
**2023. 3. 8. 1판 2쇄 발행**

지은이 | 포포 포로덕션
옮긴이 | 김선숙
펴낸이 | 이종춘
펴낸곳 | BM ㈜도서출판 성안당
주소 | 04032 서울시 마포구 양화로 127 첨단빌딩 3층(출판기획 R&D 센터)
10881 경기도 파주시 문발로 112 파주 출판 문화도시(제작 및 물류)
전화 | 02) 3142-0036
031) 950-6300
팩스 | 031) 955-0510
등록 | 1973. 2. 1. 제406-2005-000046호
출판사 홈페이지 | **www.cyber.co.kr**
ISBN | 978-89-315-8738-8 (13180)
**정가 | 18,000원**

**이 책을 만든 사람들**
책임 | 최옥현
진행 | 정지현
교정 · 교열 | 박정희
표지 · 본문 디자인 | 앤미디어, 박원석
홍보 | 김계향, 유미나, 이준영, 정단비
국제부 | 이선민, 조혜란
마케팅 | 구본철, 차정욱, 오영일, 나진호, 강호묵
마케팅 지원 | 장상범
제작 | 김유석

이 책의 어느 부분도 저작권자나 BM ㈜도서출판 성안당 발행인의 승인 문서 없이 일부 또는 전부를 사진 복사나 디스크 복사 및 기타 정보 재생 시스템을 비롯하여 현재 알려지거나 향후 발명될 어떤 전기적, 기계적 또는 다른 수단을 통해 복사하거나 재생하거나 이용할 수 없음.

**■ 도서 A/S 안내**

PANDA-SENSEI NO SHINRIGAKU ZUKAN
Copyright © 2017 by Paw Paw Poroduction
All rights reserved.
Original Japanese edition published by PHP Institute, Inc.
Korean edition published by arrangement with PHP Institute, Inc.,
Tokyo in care of Japan Uni Agency, Inc. Tokyo through Korea Copyright Center Inc., Seoul

Korean translation Copyright © 2019~2023 by Sung An Dang Inc.

이 책은 ㈜한국저작권센터(KCC)를 통한 저작권자와의 독점계약으로 BM ㈜도서출판 성안당에서 출간되었습니다. 저작권법에 의해 한국 내에서 보호를 받는 저작물이므로 무단전재와 복제를 금합니다.